JN077606

A4一枚で作る　PDCAを回せる
経営計画
100の法則

MANAGEMENT PLAN

1万件以上の経営指導をした元銀行マンが
教える最もシンプルな作り方・進め方

宮内健次
KENJI MIYAUCHI

日本能率協会マネジメントセンター

はじめに
──経営計画を作る意義

　中小企業では、経営計画がほとんどない状況です。もちろん、経営計画がなければならないという決まりはありません。

　しかし、皆さんの学生時代の夏休みには、宿題がたくさん出されたと思います。

　そのときはどのようにしましたか。

　夏休みだからといって、最初から友達とたくさん遊んでしまい夏休みの終了間際になって焦って宿題を仕上げたことがないでしょうか。

　そんなとき、最初に計画を立てておいて、計画に従って進めていれば、もっと余裕をもって夏休みが過ごせたのにと思ったことがあると思います。

　会社経営にも似たような面があります。

　中小企業では、長期的な計画を立てず、目先の受注に追われ、それを完成することに注力します。1つ注文が完成したら、次の注文をこなすという仕事のやり方です。また、仕事が途切れたら、取引先に連絡して仕事を出してもらうように依頼します。この方法では、**会社を取り巻く環境の変化や取引先の変化**によって、いつの間にか仕事が減少したりすると経営がすぐに立ち行かなくなってしまいます。

　このため、会社のめざす経営ビジョンをもとに中期の経営計画や年度単位の経営計画を立案して進めていき、**どのような変化に**

3

も耐えられる体質にしていくことが大切です。

　ただ、経営計画といっても、今年の目標売上は決めてあるから、それで十分だという経営者もいます。しかし、これでは、その売上をどのようにして達成するのかがわかりません。目標を掲げたもののあとは成り行きに任せる「成り行き計画」でしかありません。

　これでは経営計画とはいえません。経営計画には、必要となる項目があります。

　代表的な項目には経営ビジョンと経営目標があります。

　さらに、こうした経営ビジョンや経営目標を達成するためにシナリオも必要となります。

　このように会社のビジョンや経営目標を掲げ、そしてそれを実現するためのシナリオ作りが経営計画です。

　一方、経営計画というと中小企業では、作る手間が大変だから、あるいは計画を立てても将来のことはわからないから立てても意味がないのではないかという経営者もいます。

　しかし、なりゆき的な経営では、問題が起こっても発見が遅れ大きな損失を被る場合もあります。

　このようなことが起こらないためにも経営計画を作成し、つねに計画したことと結果に差がないかを見ていくことが大切なのです。

　経営計画には、３つのステージがあります。第1は、会社のめざす目標を掲げることです。第2は、その目標を達成するための

方法を提示することです。そして、第3は、目標を達成するうえでの問題点を発見し改善するものです。

　さて、本書では、小規模企業でもできる「Ａ４用紙一枚の経営計画」をもとにした経営計画の作成とその進捗管理をお伝えします。

　Ａ４用紙一枚だけで経営計画が作成できます。

　もちろん、ここに経営のすべてを網羅して入れることではありません。

　経営計画で重要となる項目を入れています。また、経営計画にもとづいて設定した具体的なアクションプランについて、実行をより確実なものにするためにＰＤＣＡ方式による行動計画管理表も別途用意しました。

　今回、経営計画について、１００の法則を書いていますが読者諸兄の会社ではすでに行っている法則もあると思います。そうした場合には会社ではまだ取り入れていない法則を参照して経営計画の充実を図ってください。

　2020年4月

宮内健次

第3章 経営計画をPDCA展開する

第4章　経営計画に会社をよくする仕組みを入れる

第5章	経営計画の進捗管理と 定着・浸透

第 1 章

求められる
経営計画とは

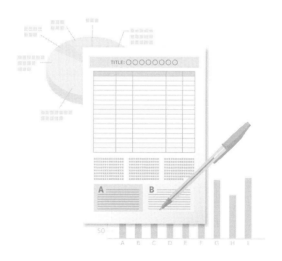

経営計画のない経営

◉ かけ声だけの売上目標

　私がコンサルティングで訪問させていただいた中小企業で、「経営していく際の基本となる経営計画はありますか」と社長にお聞きすると「当然あります」という答えが多くの場合返ってきます。

　しかし、内容を詳しく聞いてみますと、「今年度はいくら売り上げる」という売上目標しかない例が数多くあります。

　これでは、その売上を上げるために社員は何を実施したらいいのかわかりませんので、売上目標はかけ声だけで終わってしまいます。

　そういう会社の、事務所や工場では、不要品が積み上がっていたり、整頓ができず、つねに工具類や書類などを探しています。

　さらに**ルールも整備されていない**ので、人によって仕事のやり方が異なります。

　営業部門では、会社全体の営業目標はあるものの、営業日報もなく日常活動はすべて営業担当者任せとなっています。

　社長に「毎日の営業の成果の確認をしていますか」と問うと、**「自分も忙しいので確認などしていない」**と言います。それでも

目標を達成するのであればよいのですが、目標は達成できず月初に営業担当者に目標を達成するように叱咤激励しています。

　さらに社長からは、**「環境の変化が激しく将来のことはわからないのだから詳細な経営計画を作成してもムダだ」**という声もよく耳にします。そうした会社は計画を作成せずに漫然と進んでいき、新たなビジネスチャンスが目の前に現れても気づきませんし、顧客ニーズが変わっても適応できなくて、いつの間にか業績が落ちています。

　さらに、次項に具体例と問題点を挙げていきます。

ワンポイント
　計画がないと日々の仕事に追われてしまうだけになる。

具体的行動
　きちんとした経営計画を立てて、目標をめざしていこう。

経営計画のない経営によって起こるさまざまな問題

◉ 同じミスのループ

中小企業の工場では、忙しく働いているようには見えますが、生産するうえで不適合（作った物が検査などの基準を満たしていないこと）が発生したり、取引先からクレームが発生しています。

その対応は、優先的に、ただ手直しをして終わりにしています。同じ不適合やクレームが起きないようにする再発防止策は考えられていません。さらにそうした不適合やクレームが過去にいつ発生したという記録も残していないため、**同じような事態がくり返されます。**

◉ 引き継ぎができない

また、工場内では熟練の作業員と一緒に若手の作業員が作業をしていますが、熟練の作業員は黙々と作業しています。その傍で、若手の作業員が見ている様子がうかがえます。そうした姿について社長にお聞きすると、「熟練の作業員の作業の妨げにならないように傍で作業を見て、その方法を覚えています」と言いま

す。**社員教育が徒弟制度のようになっており、後輩が先輩を見て**覚えているのです。作業手順書もないのでそうするしかないとのことでしたがこれでは仕事を覚えるのに相当な時間がかかります。熟練の作業員が定年などで退職する際は、仕事の引き継ぎができなくて四苦八苦しています。

◉ 誰かひとりしか知らない人事と経理

　人事でも、賃金を社長ひとりで決定していることが多く見られます。ひとりで評価するのが難しい人数でも、社長は部門長にヒアリングなどをして評価しています。このため、社長は**目に見える部分しか評価せず**、片寄った評価も発生しています。

　経理では、決算書など会社の計数にかかわるものは税理士に任せているので、社長からは「詳しいことは顧問税理士に聞いてください」と言われます。社長本人から経営実態についての計数の説明がなく、これでは、社長が経営上の数字の問題点を本当につかんでいるのか疑問です。

　さらに事業承継が必要になってきた場合でも、会社の運営に必要な経営計画や取引先情報、技術・技能などの整備ができていないためにスムーズに事業の引き継ぎが進みません。

ワンポイント
　何をやるべきかルールがないので、その都度判断するしかない。

具体的行動
　経営計画をもとに、会社のルールを整備して、ムダのない行動をしよう。

経営に仕組みを
取り入れる

◉ 仕事をスムーズに動かす20の仕組み

前述のような問題を解消するために、経営にさまざまな「仕組み」を取り入れていきます。

❶経営部門

経営計画を仕組みとして取り入れます。経営計画策定は、会社の経営ビジョンを達成するためのシナリオを書くことであり、確実に経営ビジョンの達成に向かうことができます。

❷全部門共通

5S、改善提案制度、経営会議を仕組みとして取り入れます。特に5S（整理、整頓、清掃、清潔、躾）は、環境整備活動で、会社の柱となるものです。

❸営業部門

営業日報、顧客台帳、顧客アプローチリスト、提案書を仕組みとして取り入れます。

❹製造・建設部門

作業手順書、外注管理、購入管理、品質向上委員会を仕組みとして取り入れます。

❺総務部門

賃金体系、人事考課、目標管理、社員教育を仕組みとして取り入れます。

❻経理部門

予算管理、実行予算管理、資金繰り管理、決算書分析を仕組みとして取り入れます。

取り入れるべき仕組みの全体像は、下記のとおりです。

| ① 経営部門 |
| 経営計画 |

| ② 全部門共通 |
| 5 S
改善提案制度
経営会議 |

③ 営業部門	④ 製造・建設部門	⑤ 総務部門	⑥ 経理部門
営業日報 顧客台帳 顧客アプローチリスト 提案書	作業手順書 外注管理 購入管理 品質向上委員会	賃金体系 人事考課 目標管理 社員教育	予算管理 実行予算管理 資金繰り管理 決算書分析

ワンポイント

仕組みがあると、そのもとで安心して仕事ができる。

具体的行動

仕組みを作り誰でもできる仕事にしよう。

経営の仕組みのメリット①

◉ 経営の仕組みで業績を上げる

　前項で説明しました各部門、計20の仕組みを取り入れることによるメリットを記します。

　［メリット１］が❶経営部門、［メリット２］が❷全部門共通、［メリット３］が❸営業部門、［メリット４］［メリット５］が❹製造・建設部門についてです。

［メリット１］会社のめざす先が明確になる

　経営計画により、**経営ビジョンが明示**されます。それにより、**経営目標**も定められますので、会社のめざす先がはっきりします。社員にとっては、行き先が明確なので迷うことなく進んでいくことができます。

［メリット２］仕事のムダ、ムラ、ムリがなくなる

　５Ｓ活動を推進することにより、不要品がなくなり、どこに何があるかがわかります。また清掃が徹底され不良品の発生を防止できます。あいまいな状態がなくなり、**ルールが明確になることで、統一した手順で仕事を行うことができるようになります**。ま

た、改善提案制度により誰もが仕事の効率化を考えるようになります。

［メリット３］営業の生産性が向上

営業部は、営業日報をもとに**きめ細かい指示**を出し、顧客台帳で取引先を徹底的に管理し、必要な製品をタイムリーに販売していきます。そして、大型案件や新規などの難しい取引先について、顧客アプローチリストにより会社全体で取り組むことで、契約獲得を強力に推進できます。さらに、提案書を作成することで成約率も高まります。

［メリット４］作業の生産性が向上

製造部などの、熟練者からの口伝えで覚える作業のやり方については、作業手順書を整備することで、**手順を早く覚える**ことができます。間違いも減少していき、作業のムダがなくなり作業の効率化が進みます。

［メリット５］コストダウンが進む

外注管理や購入管理を徹底し、**コストダウンを図っていきます**。また、品質向上委員会により不具合やクレームをなくし、作り直しの手間を減少させます。

ワンポイント
めざすものが明確だと、それをもとに生産性も上がる。

具体的行動
経営計画を始めとして、各部門で核となる仕組みを構築していこう。

経営の仕組みのメリット②

◉ 人、物、金が変わる

引き続き、［メリット6］が❺総務部門、［メリット7］［メリット8］が❻経理部門、［メリット9］が、26ページでふれる事業承継についてのメリットです。

［メリット6］社員のやる気や仕事力が上がる

賃金体系、人事考課、目標管理が整備されることで、毎年個人ごとの目標をもとに**公正な人事考課**が行われ、その結果にもとづき賃金が支給されます。処遇や配置が適正に行われることで、社員のやる気は上がっていきます。さらに、社員教育により仕事力がアップしていきます。

［メリット7］計数にもとづく経営になる

予算にもとづく経営を推進し、**つねに計画と実績を対比**して見ていきます。これにより、計画を下回れば、早急に対策を講じ、経営目標を確実に達成していくことができます。

一方、資金管理も徹底され資金繰りの心配がなくなります。さらに、自社の決算を分析する力をもつことで、決算の計数分析を

もとに、次年度以降の会社の方向性を打ち出すことができます。

［メリット８］取引金融機関の評価が向上

　決算分析がきちんとできるようになることで、取引金融機関と自社の課題や今後の方向性について、経営計画をもとに計数で話をすることができるようになります。これにより、**取引金融機関の信頼度が高まります**。

［メリット９］事業承継がスムーズに進む

　事業承継の根幹の１つといわれている経営理念を始め、経営の運営方針が経営計画の中でしっかり作成されます。

　さらに取引先情報や技術・技能などが整備されることで**後継者は、会社の運営をきちんと行っていくことができます**。

ワンポイント
　仕組みのメリットを理解すれば、社員は取り組みます。

具体的行動
　１つひとつ仕組みを取り入れて、経営基盤を築こう。

006 社長が辞めるまでに残された社員の
ためにすべきこと

事業承継にも役立つ
経営計画

◉ 会社を存続するための方法を構築する

経営計画は、会社の事業承継にも必要となります。

中小企業庁が公表している「経営者のための事業承継マニュアル」によると、事業承継の構成要素は大きく3つに分けられます。

❶ 後継者教育などを進めて経営権を引き継ぐ「人」の承継

❷ 自社株式・事業用資産、債権や債務など「資産」の承継

❸ 経営理念や取引先との人脈、技術・技能といった「知的資産」の承継

この3つのうち**知的資産**は、経営計画につながります。特に、経営理念の承継は、経営計画の中心テーマでもあります。

20ページで述べた、経営計画などの経営の仕組みを整備することは、まさに事業承継の知的資産を整備することになります。

この経営の仕組みをきちんと構築することで、知的資産が容易に事業承継され、事業承継後も会社をきちんと運営していくことができます。

　会社は社長が辞めるまでの私的所有物ではありません。社員がいる限り、継続していく必要があります。継続するためには根幹となる理念が社員の意志を統合させていくのです。

ワンポイント

　仕組みがないと次の代に残すものが見えなくなる。

具体的行動

　経営計画を作り、会社の知的資産を整備してしっかりと事業承継しよう。

経営計画とは

◉ 2つの側面で経営を支える

それでは、経営の仕組みの根幹たる経営計画について話していきます。

経営計画とは、会社のビジョンを明示し、その**ビジョンを実現するための計画作り**です。たとえば、建物を建てる場合に、設計図と作業工程表なしに作業を進めていくことはありません。

もし、設計図や作業工程表もなく建設を進めていくとなると、担当者は、どのような建物になるのかがわからないために、どの材料を使用してよいかもわかりません。また、いつの時点で作業が開始されるのかもわからないため、作業が進められません。これでは建物を建てることはできません。

会社経営では、この**「設計図」はビジョン**にあたり、**「作業工程表」は具体的施策と行動計画**にあたります。

経営計画	=	設計図 ＝ 経営ビジョン	+	作業工程表 ＝ 経営ビジョン達成の ための計画

　計画とは、「予測」を立てることではなく、**「目標」を立てるこ**
とです。

　会社が発展していくためには経営計画によって会社のビジョン
を示し、その経営ビジョンを実現するための具体的な施策を考え
ることが必要なのです。そしてその施策はきちんと計画にもとづ
いて実現していくことが大切になります。

ワンポイント
　経営計画は、家づくりに似ている。

具体的行動
　ビジョンという設計図と施策・行動計画という作業工程表を作る。

経営計画の作り方

◎ 社員参加の経営計画作り

経営計画は、社員参加型で作成していきます。社長がひとりで作成するより時間がかかる点はありますが、社員にとっては**自らが参加して作成したという思いが強くなり**、より大きな成果が期待できます。以下に、社員を参加させた経営計画の作成について、具体的にご説明します。

１．経営計画委員会を立ち上げる

経営計画を作成するプロジェクト（「経営計画委員会」といいます）のメンバーは、社長、役員、部門長その他必要に応じて施策の責任者を任命します。プロジェクトの進行状況を把握するため、議事録作成や資料の取りまとめ役を総務部門あるいは企画部門から任命し、事務局とします。毎月、経営計画委員会を開催し、**経営計画を作成**していきます。

２．経営計画はＡ４用紙一枚で作る

中小企業の場合は、人数が限られていて、部門や職務を兼任したりしています。日常の仕事に追われ、時間を作ることが

できません。そこで、**経営計画はＡ４用紙一枚で作ることをお勧めします**。筆者が考案した経営計画書は、46ページから詳述します。Ａ４用紙一枚ではありますが、経営ビジョンを達成するためのテーマが揃っており、（フォーマット　48ページ参照）十分に経営ビジョンを明示できます。この経営計画書には次のようなメリットがあります。

❶経営計画全体が一目で俯瞰でき、一覧性がある

経営計画を見るために、何枚も紙をめくる必要がなく、この一枚を見ることで、会社がどの方向に、どのように進んでいくのかが一目でわかります。

❷「11のテーマ」に答えるだけで完成する

筆者が考案したＡ４用紙一枚の経営計画書には11のテーマ（12は総括）の見出しがあり、テーマに応じて枠の中に記載することで経営計画書が完成します。

❸会社の基幹表の位置づけになる

会社の規模や事業内容により、本計画書以外に必要な管理表があれば、本計画書を基幹表として、別途作成し添付するようにします。

ワンポイント

社員参加の経営計画は、自らの意思が入るため、目標達成意識が高くなる。

具体的行動

社員参加で、手間のかからない経営計画を作ろう。

今までの経営計画

◉ 経営計画の内容

今までは、損益を中心とした**数値計画を経営計画にしている**場合が多く見られました。

特に、中小企業が金融機関に提出する経営計画は、損益計算書をもとに、将来の5年間、あるいは10年間の推移を**予測した数値**で作成したものが中心でした（35ページの例を参照）。

その構成を具体的に見ていくと、売上高、売上原価、売上総利益、販売費一般管理費、営業利益、営業外損益、経常利益、特別損益、税引前当期純利益、法人税等、税引後当期純利益となっています。また、借入金がある場合には返済も考慮するため、返済財源（税引後当期純利益＋減価償却費）と返済額も加えて作成しています。

◉ 経営計画が数値計画中心になっていた理由

中小企業では、経営者が売上目標の設定や資金繰り表の作成など、ふだんからビジネスの結果として、数値中心の経営をしているため、損益を中心とした数値計画だと作成が容易という点があ

ります。

　また、数値計画中心の経営計画だと時間もかからず、経営者だけで速やかに作成できる点も大きな理由です。

ワンポイント

　数字中心の将来計画ではどう達成するかわからないので、社員は動けない。

具体的行動

　数字中心の計画から、経営ビジョンとそれを達成する方法を書いた計画を作ろう。

従来の経営計画書の問題点

◉ 数値計画が問題となる理由

1．数値の根拠がわからない

　経営計画は一定期間にわたるものを作成することになりますが、売上や費用は、将来の需要予測を加味していくと**毎年一定ではありません**。しかし、こうした変化を数値だけで作成してしまうと、数値の根拠がわからず、それをもとに社内で経営計画として推進しても社員の理解が得られません。また、債務超過がある会社の場合、早く正常な状態にしようとして、無理な利益を計上し、数値計画を作成していることがあります。

2．目標を達成する方法がわからない

　経営計画を数値計画だけで作成していると、何をどのようにしたら達成できるのかが具体的にわかりません。**数値計画を達成するための具体的な施策と行動計画が必要**なのです。ところが、目標となる数値計画を掲げるだけで、「現場はその数値をめざして頑張れ」と叱咤激励している社長も見かけます。これでは、現場社員はどうやって数値計画を達成したらいいのかわかりません。

▼経営計画（数値計画）の例。　　　　　　　　　　　　　　　（単位：千円）

項　目			第○期（実績）	第○期（計画）	第○期（計画）
1.売上高			100,000	×××	×××
2.売上原価			80,000	×××	×××
	材料費		30,000	×××	×××
	労務費		40,000	×××	×××
	経費	経費（除く減価償却費）	9,000	×××	×××
		減価償却費①	1,000	×××	×××
3.売上総利益			20,000	×××	×××
4.販売費一般管理費			15,000	×××	×××
	人件費		5,000	×××	×××
	その他経費		9,000	×××	×××
	減価償却費②		1,000	×××	×××
5.営業利益			5,000	×××	×××
6.営業外損益（支払利息等）			1,000	×××	×××
7.経常利益			5,000	×××	×××
8.特別損益			0	×××	×××
9.税引前当期純利益			4,000	×××	×××
10.法人税等			1,600	×××	×××
11.税引後当期純利益③			2,400	×××	×××
減価償却費（①＋②）＝④			2,000	×××	×××
返済財源（③＋④）＝⑤			4,400	×××	×××
返済額⑥			1,000	×××	×××
差額⑤－⑥			3,400	×××	×××

これから求められる経営計画

◎ 柱を立てる

　望ましい経営計画は、まず、会社の**経営理念**、つまり社員の行動が一体になるような柱を立て、次に会社がどこに向かうかという**経営ビジョン**を示して会社の大きな土台を作ります。それから、経営ビジョン達成のための数値計画を立て、それを達成するための施策を練ります。そして、施策実現のための行動計画を作成して推進していきます。

　このように、単に数値目標中心ではなく目標達成のための施策や施策実現のための行動計画を作成していくことが、これからの経営計画の中心となります。

◎ 経営計画の内容

　経営計画は、最低限、**意義**、**経営理念**、**経営ビジョン**、**外部環境**、**内部環境**、**経営目標**、**経営方針**、**目標利益計画**、**月別目標利益計画**、**主要施策**、**行動計画**を網羅し、構成されているものが望ましいです。

◉ メリット

❶社員全員で「経営ビジョン達成」という目標に向かえる

　全社員が経営理念のもと、経営ビジョンの達成に向かって一丸となって進んでいきます。

❷行動計画で経営計画を推進する

　経営計画は、主要施策をもとに作成した行動計画に沿って実行します。これにより経営ビジョンの達成につながります。

◉ 作成上の課題

　経営理念や経営ビジョンなどの内容を検討して、会社としてまとめるには相当の時間がかかります。特に、経営理念は、経営活動をしていくうえでの経営指針となるものです。会社に経営理念がない場合には、よく議論して作成する必要があります。

◉ 課題を乗り越えると力がつく

　経営理念や経営ビジョンの作成には時間がかかりますが、その作成過程に社員が参加することで、自分たちのものとして受け入れることができるようになります。それに、社員がまとまり、めざす方向に力を結集して、会社の力に変えることができます。

ワンポイント
　経営計画の内容がわかりやすいと社員も経営計画を進めやすくなる。

具体的行動
　経営計画は11の項目で進めていこう。

社員の一体感を得る

社員参加型の経営計画

◉ 作成の全体的な流れ

❶経営計画委員会を立ち上げる

メンバーには、社長、役員のほか、各部門から部門長、または部門長に準じた社員を任命します。さらに、総務部門あるいは企画部門から事務局メンバーを任命します（30ページ1.）。

❷毎月のミーティング

委員会メンバーで、毎月ミーティングを開き、経営計画を作成していきます。ミーティングの際は事務局メンバーが、資料の取りまとめ、議事録の作成、経営計画の進行状況の確認を行います。

❸経営計画のフロー

（右図参照）

❹経営計画は、3年ほどの期間のものにする

さまざまな環境の変化が激しい昨今では、3年を超える長期

の計画を立てると、やがて計画が現実から乖離して、使いものにならなくなってしまう可能性が出てきます。

　46ページから紹介するＡ4用紙一枚の経営計画は、3年の期間ですが、毎年見直し、作成します。特に外部環境や内部環境が変わっていないか、しっかりと検討し、大きな変化があった場合は、設定していた目標利益計画や主要施策の見直しなどを行うのです。

▲経営計画のフロー。この順序で考え、議論する。

ワンポイント

　社員参加型は、社員のやる気につながる。

具体的行動

　経営計画は、委員会形式で進めていこう。

経営計画のメリット

❶自社のめざす先が明確になる

経営計画によって、経営ビジョンが明示されます。経営目標も定められますので、**会社のめざす先がはっきりします**。行き先が明確になるので、社員も迷うことなく進んでいくことができます。

❷効率的な経営が可能になる

経営計画では、まず全体の目標が設定され、その目標から、各部門が**部門目標を設定**します。この部門目標にもとづいて活動していくため、部門間の行動が統一され、それぞれが違った方向にいくことがなくなります。つまり、経営計画を作ったあとは、**ムダな行動がなくなる**のです。

❸自社の力を知ることができる

経営計画を作る中で、自社のあり方を徹底的に分析することになります。このため、**自社の強みと弱み**がわかります。
たとえば商品なら、業界全体の中で、自社のどの製品やサービスが強いのかが明確になりますし、また逆に、どの製品やサービスが弱いのかもわかります。さらに、財務面や労働面

などからも、自社の長所や改善すべき点を理解することができます。

❹ 自社の外部環境を把握できる

同じように、自社の置かれている経済環境、競争環境、市場環境、労働環境、業界環境なども分析することになります。自社の**外部環境がどのように変化しているかをつかむことができる**のです。

❺ 社員のモチベーションが上がる

「3年後あるいは5年後に、会社はこうなりたい」ときちんとビジョンが明示されると、社員は、**達成しようとする意欲**をもつようになります。これが最大のメリットといえます。

❻ 金融機関の評価が向上する

融資などの際、金融機関は中小企業に、どのような経営計画を作り、どう取り組んでいるのかという情報を求めてきます。具体的には、経営理念・経営ビジョン・経営目標・経営方針などの作成が求められ、こうした内容をしっかりと組み込んだ経営計画を作成することが、**金融機関の評価向上につながっていきます**。

ワンポイント
経営計画の作成は、将来が明確になり、社員のモチベーションを上げることになる。

具体的行動
将来のために経営計画を立てていく。

金融機関との関わり方

❶ 会社の将来を見てもらえる

経営計画がないと、会社がどのような方向に向かっているのかがわかりません。経営計画があれば、金融機関はそれを見て取引先が**どのような将来を描いているか**を知ることができます。

❷ 会社へのアドバイスや支援が受けやすくなる

経営計画により、会社のビジョンや行動計画が明確になるため、金融機関も**共通認識をもって応援**することができます。具体的には、会社の経営計画で問題が発生した場合、金融機関から問題点を解消するためのアドバイスを受けやすくなります。

❸ 資金面での支援が受けやすくなる

経営計画により、あらかじめ**目的が明確**になっている資金用途であれば、金融機関としても資金支援はしやすいものです。ところが、経営計画のない会社の場合は、目標が定まらないため収入と支出もなりゆき的な管理となり、突然、資金がショートする可能性もでてきます。突然の資金ショートに

は、金融機関は対応できないこともあります。

❹会社の計画と進捗状況を把握してもらえる

会社がどのような事業計画を予定しているのかについて、経営計画により**把握してもらうことができます**。そして、経営計画の進捗を継続的に確認してもらうことにより、経営計画が予定どおりに進んでいるかどうかを検証できます。また、設備資金等の融資により導入した設備の稼動状況や、月次の予算実績管理によって資金繰り状況も確認してもらうことができます。

❺債務者区分の引上げにつながる

経営計画により、会社のビジョンと経営目標が明確になっていますから、経営目標を達成して業績が向上すれば、金融機関からの**評価が上がっていきます**。

ワンポイント

金融機関の理解があると、経営計画が進めやすい。

具体的行動

経営計画を作成するとともに、その進捗状況を金融機関に報告しよう。

金融機関の評価の
ポイント（計数評価を除く）

1.経営内容の報告

❶ 経営計画を作成する際に金融機関のアドバイスも取り入れる。

❷ 目標利益計画で、実績が計画を下回る場合は改善策を伝える。

❸ 毎月の試算表の内容を金融機関に報告している。

❹ 環境変化で経営計画を変更する場合は、事情を伝える。

❺ 年度終了後に成果を報告している。

2.職場環境の整備

❶ ５Ｓのうち、整理、整頓、清掃の３Ｓを実行する。そののち
に清潔、躾の２Ｓを実行する。

3.管理体制の整備

【全体】

❶ 経営計画の進捗管理をし、毎月試算表を分析する。

❷ 朝会で、計数発表し計数の進捗状況を共有する。

❸ ５Ｓ、改善活動を行う。

【会議】

❶ 経営会議・営業会議を毎月実施し、成果・課題を検討する。

【製品】

❶ 製品の開発、企画を検討し、また、個別採算管理を行う。

【設備】

❶直接に製品に関係ないところに投資しない。

【社員】

❶社員教育制度をもち、社員の育成をする。

❷モチベーションを高め、社員の定着率を上げる。

【経理】

❶毎月資金繰り表で資金管理している。

4.経営者の行動

❶企業規模を超える投資をしていない。

❷公私混同せず、接待交際費を最小限としている。

❸社外集会で情報収集している。

❹経営理念にもとづいた行動を取っている。

5.経営姿勢

❶経営者間でもめごとがない。

❷社員の退職、入社が頻繁でない。

❸社内のコミュニケーションがよい。

❹仕入先、販売先との関係がよく、製品にブランド力がある。

❺給与、税金等に遅配がない。

6.金融機関との取引

❶正しい決算書を作成し、正しい会社の報告をしている。

❷約束を守っている。

ワンポイント

金融機関の評価項目を把握して金融機関を経営計画の応援者にしていく。

具体的行動

　金融機関の評価している項目をしっかり実施することにより、金融機関の支援を得よう。

Ａ４用紙一枚にまとめる

◉ 経営計画の様式

　経営計画は、様式が決まっているわけではありません。そのため、いろいろな形の経営計画書が作られており、中には数十枚にものぼるものも見受けられます。

　大企業の場合は、経営計画作成の事務局などを設け、専任の担当者が経営計画を取りまとめていますので、ボリュームのある詳細な経営計画書を作成することができます。

　しかし中小企業では、経営計画を作成する専任のスタッフがいない場合がほとんどです。これでは、日常の仕事に追われてなかなか時間を取れず、何十枚もの詳細な経営計画書を作ろうと思っても、途中で挫折してしまいます。

　そこで筆者が考案したのが、簡単に作成できる「**Ａ４用紙一枚の経営計画書**」です。

　一枚の紙に、経営計画に必須の11の項目が入っており、この項目のフレームを埋めると、経営計画が完成します。作成のための労力が少なくてすむのが、大きなメリットです。

　また、何十枚もの経営計画書は読むだけでも時間がかかりますが、Ａ４用紙一枚なら、**一目で経営計画全体を俯瞰できます**。そ

して、この一枚を見るだけで、会社がどの方向に向かっているのかがはっきりとわかるのも、この経営計画書の魅力だといえるでしょう。

　この経営計画書は、**会社の基幹表**として位置づけることができます。会社の規模や事業内容によっては、主要施策をもとにした1年目の**行動計画管理表**を別途作成しましょう。

ワンポイント
　簡単にできる経営計画だと社員は取り組みやすくなる。

具体的行動
　Ａ４用紙一枚の経営計画に取り組むようにしよう。

経営計画書

（副題：　　　　　）

○○会社

経営活動の基本

【計画期間：令和　年度～令和　年度】

1．意義

2．経営理念

3．経営ビジョン（3年後あるいは将来）

6．経営目標（3年後）

4．外部環境

政治環境	（機会）： （脅威）：
経済環境	（機会）： （脅威）：
社会環境	（機会）： （脅威）：
市場環境	（機会）： （脅威）：
その他環境	（機会）： （脅威）：

5．内部環境

強 み	
弱 み	

7．経営方針

10．主要施策

部 門	○○年度	○○年度	○○年度
○○部門			
○○部門			
○○部門			
○○部門			

11．○○年度の行動計画

部 門	具体的行動内容
○○部門	
○○部門	
○○部門	
○○部門	

具体的に実施することの内容

○○年度

令和○○年○○月○○日作成

環境分析　　**計数目標**

8. 目標利益計画

（単位：百万円）

項 目	○年度計画	○年度計画	○年度計画		○年度実績	成果と反省
売上高						
売上原価						
売上総利益						
一般管理費等						
営業利益						

9. ○○年度の月別目標利益計画

（単位：百万円）

項 目	区分	○月	○月	○月	○月	○月	○月	○月	○月	○月	○月	○月	○月	合 計
売上高	計画													
	実績													
売上原価	計画													
	実績													
売上総利益	計画													
	実績													
一般管理費等	計画													
	実績													
営業利益	計画													
	実績													

12. ○○年度の総括（成果と反省）

責任者	区分	○月	○月	○月	○月	○月	○月	○月	○月	○月	○月	○月	○月	成果と反省
	計画													
	実績													
	計画													
	実績													
	計画													
	実績													
	計画													
	実績													
	計画													
	実績													
	計画													
	実績													
	計画													
	実績													

本当に役立つ経営計画とは

◉ 心が動く経営計画

　数値中心の経営計画を作っても、会社の成長にはつながりません。本当に求められるのは、**経営理念**をベースにして、目標となる**経営ビジョン**を掲げるような経営計画です。

　その方法としては、まずは会社の経営理念を明確にし、社員の行動が一体になるような指針を立てます。次に、会社がどこに向かうかという経営ビジョンを打ち出し、会社の経営計画の大きな枠組みを作ります。そのあとで、経営ビジョン達成のための数値計画や、その目標数値の根拠となる見通しをまとめ、さまざまな主要施策を立案します。そしてその主要施策を、具体的な行動計画へとブレイクダウンしていくのです。

　こうした経営計画を作成できれば、全社員がバラバラな行動を取ることなく、経営理念に合致した同じ道を歩むようになります。そして、全員が一丸となって、経営ビジョン達成に向かっていくでしょう。

　「そんな複雑な経営計画を作るのは難しいんじゃないか」と思う方もいるかもしれません。しかし、とても簡単な方法があるのです。

　それが、「Ａ４用紙一枚の経営計画」です。11の項目フレームを埋めていくことにより、本当に役に立つ経営計画書ができあがります。

　その具体的な作り方と、計画の実行の仕方は、次章以降で述べていきます。まずは、Ａ４用紙一枚の経営計画書を作成して、あなたの会社を変えていきましょう。

ワンポイント

　わかりやすい経営計画は、社員が本気で取り組むようになる。

具体的行動

　Ａ４用紙一枚で記載された項目をもとに作成してみよう。

失敗した経営計画の例

◉ 経営計画の失敗

せっかく、経営計画を作成しても、次のような場合は経営計画の成果が出ません。

1. 経営計画の専門書から、経営計画のフォーマットをそのまま利用する。

　経営計画については、専門書がたくさん出版されています。その中から、自分で気に入った経営計画のフォームをそのまま利用して作成していることがあります。

　著作権などの問題がなければ、自社で利用すること自体はいいと思います。しかし、書かれている経営計画の内容を十分に理解して、**自社の規模や内容に適しているかをきちんと見極める必要があります。**

　そうしたものを十分理解しないで単純に利用しても、作る際に大変な作業時間がかかったり、中には難しくて途中で作成をあきらめてしまったりします。また、現実の経営と作成したものの内容が、かけはなれたものになりがちです。

　経営計画は、基本的には誰でもわかる内容がよいと思いま

す。身の丈に合ったもので、容易に作ることができ、企業が将来どの方向にいくのか金融機関が理解できるものを作成することが必要です。

2. 経営計画の作成をコンサルタントにすべて任せてしまう

経営計画は作るのが大変だから、あるいは作り方がよくわからないからといって、コンサルタント会社に依頼してすべて作ってもらうことがあります。経営計画などをどのような構成にするかと専門のコンサルタントに指導を仰ぐことは、よいと思います。しかし、会社によっては、経営計画の作成をすべてコンサルタントに任せてしまう例が見られます。コンサルタントが会社を取り巻く外部環境を調査し、会社内で社長や幹部に現状と将来についてヒアリングします。そして、工場などの現場調査も行います。そうした調査の結果を踏まえて、会社の経営計画を作成します。費用をかけて専門のコンサルタントが作ったものですから、重厚なしっかりした経営計画ができています。しかし、そうした経営計画は会社の人間が自分たちで作っていないので、経営計画の**中味を十分理解**しておらず、また他人事のような位置づけになっています。その結果、経営計画は、作ったことで終わってしまい、運用に至りません。

ワンポイント

経営計画を単に他社の真似をしたり、専門家に任せては、社員のやる気は出ない。

具体的行動

経営計画は、自社の計画なので、自らの責任で作っていくこと。

よい経営計画のポイント

● A4用紙一枚で作成する、よい経営計画書

よい経営計画は、経営理念を始め、経営ビジョン、経営目標が**明確に記載**され、外部環境や内部環境も**的確にとらえて**います。利益計画も**現状を踏まえ計数を計上**するとともに、主要施策や行動計画も**具体的に記載**されています（56～57ページ参照）。

以下、経営計画書各項目のよい例のポイントです。

1．意義

意義と副題が連動し、めざす計数を明示しています。

2．経営理念

カステラで、家庭に笑顔を追求する、カステラの味を追求すると、お客様への姿勢と製造の姿勢が明確になっています。

3．経営ビジョン

関東地域のシェアNo.1とし、大手企業を相手に戦っていく姿勢を示すとともに社員の夢につながっています。

4．外部環境

政治環境から市場環境までコンパクトにまとまっていま

す。自社の置かれている環境がきちんと理解されています。

5．内部環境

強みと弱みをしっかりとらえています。

6．経営目標

計数目標を売上高と売上高営業利益率でしっかり明示しています。また、新規取引先の開拓や新商品開発の推進を掲げ、拡大の布石をしています。

7．経営方針

経営目標達成のための取り組むべき4つの視点（人、物、金、情報）についてきちんとまとめています。

8．目標利益計画

経営目標のもと順次拡大をめざしている姿がわかります。

9．月別目標利益計画

扱う商品の季節要因を勘案してきちんと作成しています。

10．主要施策

目標利益計画をもとに、部門別の課題を期日と定量で示してあり、成果を計数で測れるようになっています。

11．行動計画

主要施策を受けて具体的な行動内容が作成されています。開始の時期も目標計数も明示されていますので、担当部門としては進めやすくなっています。

ワンポイント
他社事例を参考にすれば自社でも作れる自信がつく。

具体的行動
よい事例を参考にして、自社で作ってみよう。

経営計画書

（副題：プロジェクト○○）

○×カステラ株式会社

【計画期間】令和○年度～令和○年度

1．意義

菓子類全体としては増加傾向にあるにもかかわらず、カステラに関しては減少傾向にある。一方、社内では、社員の技術職の高齢化が進み若年層の教育が必要となっている。こうした状況において、当社の経営基盤を確かなものにするために、今回、経営計画を作成した。この経営計画に従って、全員が共通の認識をもって進んでいってもらいたい。

2．経営理念

1．カステラで、家庭に笑顔を届ける。
2．カステラの味を追求する。

3．経営ビジョン（3年後あるいは将来）

関東地域のシェアNo.1になる。

6．経営目標（3年後）

1．売上高7億円
2．売上高営業利益率7％
3．新規取引先の増加と新商品開発の推進

4．外部環境

政治環境	（機会）：法改正等で国内に外国人 （脅威）：規制緩和が打ち出され、
経済環境	（機会）：低金利で推移している。 （脅威）：景気が低迷している
社会環境	（機会）：インターネットやＳＮＳ （脅威）：労働力人口が減少して
市場環境	（機会）：付加価値の高い商品が （脅威）：お菓子類をはじめ、嗜
その他環境	（機会）：世代交代の中で、よい （脅威）：カステラの老舗の地盤

5．内部環境

強み	・歴史をもち、4代目として地域 ・地域では、当社のカステラの味 ・独自のカステラ製造技術を保有 　きる。
弱み	・年功序列的な体質が温存されて ・生産管理が確立していないため ・営業先が固定化しており、新規

7．経営方針

（人）人材教育を進めて能力開発を行う。
（物）新規機械導入等により生産効率と生産
（金）設備資金、運転資金管理を徹底する。
（情報）社内システムを整備し、業務の効率

10．主要施策

部門	○年度	○年度	○年度
共通部門	・5Ｓ活動の導入・推進 （4月～3月）	・改善提案制度の導入・推進 （4月～3月）	・新人事制度の構築 　賃金体系の見直し
	・ＨＡＣＣＰの導入 　認証取得準備9月開始	・ＨＡＣＣＰの認証取得 　認証審査6月合格	・ＨＡＣＣＰの継続
営業部門	・新規百貨店の開拓 　2先開拓	・新規卸ルートの開拓 　1先開拓	・イベントの推進 　百貨店等イベントに参加
	・ネット店舗販売の推進 　ネット売上5％増加	・直販店、軽食店の強化 　店舗の売上5％増加	・新店舗を出す 　1店舗新設
製造部門	・新商品開発と開発体制 　整備　2商品開発	・新商品の開発 　2商品開発	・新商品の開発 　2商品開発
	・工場の省人化、効率化 　生産コスト5％削減	・作業手順書の整備 　製造に関わる手順書完成	・経費のムダの削減 　経費5％削減
総務部門	・社員の教育体系の構築	・社員のスキルマップとスキルアップ計画の作成・実行	・社内基準の整備
	・受発注システム導入で 　在庫10％削減	・資金繰り表による資金管理	・経理の見える化の構築

11．○年度の行動計画

部門	具体的行動内容
共通部門	・5Ｓ委員会を立ち上げ、全社でする。（整理・整頓・清掃まで
	・ＨＡＣＣＰ委員会を立ち上げ認進める。（来年6月に認証取得）
営業部門	・新規百貨店をリストアップしswitchる。（2先は開拓する
	・社外のネット専門店舗に参加（ネット売上5％に増加）
製造部門	・開発リーダーを中心に高級品る。（年間2商品を開発）
	・機械導入による省人化と生産率的な運用を行う。（生産コスト5
総務部門	・階層別に必要項目を洗い出し教化を図る。
	・受発注システムを導入し在庫のい、在庫保有を10％削減する。

○年度

令和○年○月○日作成

が増え和菓子のニーズも増加している。
各業種、業態間の競争が増している。

め、消費が抑えられている。

の普及で、容易に商品が購入できる。
いる。

求められている。
好商品がつねに新規開発されている。

商品であれば選択されていく。
が固く、なかなか崩せない。

の信頼を得ている。
が定着している。
し付加価値の高いカステラを開発で

いるとともに社員が高年齢化している。
、原価高となることがある。
開拓ができていない。

管理を高めていく。

化を図る。

8．目標利益計画

(単位：百万円)

項　目	○年度計画	○年度計画	○年度計画	○年度実績	成果と反省
売上高	600	650	700		
売上原価	360	357	350		
売上総利益	240	293	350		
一般管理費等	210	253	301		
営業利益	30	40	49		

9．○年度の月別目標利益計画

(単位：百万円)

項　目	区分	4月	5月	6月	7月	8月	9月	10月	11月	12月	1月	2月	3月	合　計
売上高	計画	40	40	60	80	40	40	40	60	80	40	40	40	600
	実績													
売上原価	計画	24	24	36	48	24	24	24	36	48	24	24	24	360
	実績													
売上総利益	計画	16	16	24	32	16	16	16	24	32	16	16	16	240
	実績													
一般管理費等	計画	14	14	21	28	14	14	14	21	28	14	14	14	210
	実績													
営業利益	計画	2	2	3	4	2	2	2	3	4	2	2	2	30
	実績													

12．○年度の総括（成果と反省）

	責任者	区分	4月	5月	6月	7月	8月	9月	10月	11月	12月	1月	2月	3月	成果と反省
5S活動実施）	5S委員長	計画												▶	
		実績													
証取得を	専務	計画												▶	
		実績													
ールスす	営業部長	計画												▶	
		実績													
する。	営業部長	計画												▶	
		実績													
開発をす	製造部開発リーダー	計画												▶	
		実績													
インの効%削減）	製造部長	計画												▶	
		実績													
育の体系	総務部長	計画												▶	
		実績													
把握を行	総務部長	計画												▶	
		実績													

悪い経営計画の問題点

◉ A4用紙一枚、悪い経営企画書

　悪い経営計画書は、内容が**抽象的**であったり、**必要な項目が記載されていなかったり**することが多く見られます。抽象的な表現では、**実行する社員は理解できません**し、必要な項目が欠けていては**経営計画を達成することができなくなります**（60〜61ページ参照）。以下、経営計画書各項目の悪い例のポイントです。

1．意義

　副題が未設定のため、この経営計画のめざすところがわかりません。この経営計画の意義と連動した副題がほしいところです。

2．経営理念

　チャレンジという理念はよいのですが、具体的にどのような姿勢でチャレンジするのかがわかりません。

3．経営ビジョン

　「顧客の拡大」では、めざすビジョンが抽象的です。どのような夢をもつのかをしっかり検討した結果を記載してほしいものです。

４．外部環境

コンパクトにまとまっていて問題はありません。自社の置かれている環境を理解することで、適切な行動が取れます。

５．内部環境

自社の強み、弱みを簡潔にとらえています。この状況のもとにどう経営に取り組んでいくかを考えていきましょう。

６．経営目標

売上計数しか明示されていません。定性的な目標も検討しましょう。

７．経営方針

取り組むべき４つの視点（人、物、金、情報）について簡潔にまとまっています。

８．目標利益計画

売上高が毎年、前年度の倍に上がっています。希望が先行しており根拠に乏しい状況です。

９．月別目標利益計画

毎月一律の金額で計上しており、季節要因を加味していません。計数の動きを勘案して現実的な数字にしましょう。

10．主要施策

ＩＳＯを除くと定量的な目標が記載されていません。

11．行動計画

主要施策を受けて行動内容を作成しますが、具体的に何を実施するのかという「仕組み」がありません。また、すべて一律に開始するとしていますが、現状を考慮した開始予定を設定することも必要です。

経営計画書
（副題：未設定）

○×システム株式会社
【計画期間：令和○年度～令和○年度】

1．意義

当社を取巻く環境は、競合他社との値引き競争もあり利益が減少している。
一方、社内では、長時間労働になりやすいために、社員が定着しない。
こうした状況において、従来のなりゆき管理的な物事の進め方を改め、計画経営を進めたいと思い経営計画を作成した。
経営計画における経営ビジョンは、「顧客の拡大」である。
このビジョンのもとに全員で頑張っていく。

2．経営理念

チャレンジ

3．経営ビジョン（3年後あるいは将来）

顧客の拡大

6．経営目標（3年後）

売上10億円

4．外部環境

政治環境	（機会）：電子取引や電子媒介に （脅威）：個人情報保護が強化さ
経済環境	（機会）：低金利で推移している。 （脅威）：人口が減少するととも
社会環境	（機会）：システム化が各分野で （脅威）：システムが高度化して
市場環境	（機会）：合理化のための新たな （脅威）：システム開発会社が増
その他環境	（機会）：あらゆる分野でシステ （脅威）：労働時間の短縮などの

5．内部環境

| 強み | ・創業30年の歴史をもち、
・当社の開発した在庫管理シス |
| 弱み | ・社員がなかなか定着しない。
・在庫管理システム以外に独自 |

7．経営方針

（人）：人材の定着化を図る。
（物）：設備を保守強化する。
（金）：資金繰り管理を行う。
（情報）：情報管理と活用を行う。

10．主要施策

部門	○年度	○年度	○年度
共通部門	・5S活動の導入	・5S活動の定着化	・改善提案制度の導入
	・ISO27000認証取得の準備	・ISO27000認証取得	・ISO27000の運用
営業部門	・開発案件の営業	・開発案件の営業	・開発案件の営業
	・システム派遣先の拡大	・システム派遣先の拡大	・システム派遣先の拡大
製造部門	・自社製品開発の強化	・自社製品開発の強化	・自社製品開発の強化
	・派遣開発能力の強化	・派遣開発の効率化	・派遣開発の効率化
総務部門	・人材教育	・人材教育	・人材教育
	・経理事務の合理化	・経理事務の合理化	・経理事務の合理化

11．○年度の行動計画

部門	具体的行動内容
共通部門	・5Sを推進する。
	・ISO27000認証取得を推進する。
営業部門	・開発案件の営業
	・システム派遣先の拡大
受託開発・派遣開発部門	・自社製品開発の強化
	・派遣開発能力の強化
総務部門	・人材教育
	・経理事務の合理化

○年度　　　　　　　　　　　令和○年○月○日作成

よる報告を促進している。
れてきた。

に高齢化が進んでいる。

開発ニーズが高い。
おり、高い技術力が求められる。

システムが開発されている。
え、競争が増している。

ム活用が求められている。
働き方改革が推進されている。

安定したシステム派遣先がある。
テムは、業界では評価が高い。

システムがない。

8．目標利益計画

(単位：百万円)

項　目	○年度計画	○年度計画	○年度計画	○年度実績	成果と反省
売上高	240	500	1,000		
売上原価	180	375	750		
売上総利益	60	125	250		
一般管理費等	48	100	200		
営業利益	12	25	50		

9．○年度の月別目標利益計画

(単位：百万円)

項　目	区分	4月	5月	6月	7月	8月	9月	10月	11月	12月	1月	2月	3月	合計
売上高	計画	20	20	20	20	20	20	20	20	20	20	20	20	240
	実績													
売上原価	計画	15	15	15	15	15	15	15	15	15	15	15	15	180
	実績													
売上総利益	計画	5	5	5	5	5	5	5	5	5	5	5	5	60
	実績													
一般管理費等	計画	4	4	4	4	4	4	4	4	4	4	4	4	48
	実績													
営業利益	計画	1	1	1	1	1	1	1	1	1	1	1	1	12
	実績													

12．○年度の総括（成果と反省）

責任者	区分	4月	5月	6月	7月	8月	9月	10月	11月	12月	1月	2月	3月	成果と反省
全員	計画												▶	
	実績													
担当者	計画												▶	
	実績													
部長	計画												▶	
	実績													
部長	計画												▶	
	実績													
部長	計画												▶	
	実績													
部長	計画												▶	
	実績													
部長	計画												▶	
	実績													
部長	計画												▶	
	実績													

経営計画の発表会を開こう

◉ 発表会の意義

経営計画の発表会は、情報共有ができるだけでなく、さまざまなメリットがあります。

社長にとっては、「作成した経営計画を何としても実行し、成果を出す」という**決意表明の場**となります。その結果、社員にも同じ決意が生まれます。

また、全員が1つの場所に集まり、経営計画という共通のコミュニケーションツールをもつことになりますので、一体感が高まります。

経営計画の発表会は、次のような手順で開催するとよいでしょう。

❶経営計画作成委員会で、発表会の日時を決定します。

❷社内通知で社員全員に案内を出し、全員に発表会に出席してもらいます。

❸取引金融機関や取引先（お得意様や仕入先）にも案内を出しましょう。出席してもらえれば、会社の経営姿勢への理解が得られます。

❹発表会の本番は、司会者を立てて進行します。

❺社長から、経営計画の作成の意義、経営理念、経営ビジョン、経営目標、経営方針を発表します。

❻利益目標所管部門より、利益目標を発表します。

❼各部門長より、部門の主要施策と行動計画を発表します。

❽最後は、司会者が質疑応答を行い、終了とします。

ワンポイント

発表会を実施すると自部門ならびに自分に責任感が生まれる。

具体的行動

作成した経営計画を公の場で発表しよう。

第2章

経営計画の作り方

意義を作る

◉ まず、なぜ作るかを考える

ここからは、経営計画のそれぞれの項目について解説していきます。 48〜49ページのＡ４用紙一枚で作る経営計画書のフォーマットを参照しながら読み進めてください。

まずは**1. 意義**の項目です。これは、経営計画を作成することに、どのような意義があるのかということです。自社の置かれた外部環境と内部環境の中で、**経営計画の作成がいかに必要となってきているか**を記載していきます。 経営計画は、突然作成するものではありません。経営計画を作るに至った事情があるはずです。それを文章で説明することにより、社員に経営計画のねらいを理解してもらえます。また、社外の人に会社の将来の姿を認識してもらうこともできます。**この項目は、経営のトップである社長**自らが、決意表明という意味合いも込めて記載しましょう。

❶ 今回なぜ経営計画を作成しようと決めたか、経営計画への思いを記載します。たとえば、従来は「なりゆき経営」で業績が悪化傾向にあったが、これからは計画的な経営に転じ、将来のビジョンをもって進みたいと思った、などです。

❷会社の過去の成長の軌跡を記載します。今まで、会社がどのような歴史をたどってきたのかをふり返りましょう。

❸現在会社を取り巻く外部環境について、簡単に概要を記載します。

❹会社の内部環境について概要を記載します。会社の商品力、人材力など、現在もっている会社の能力を確認します。

❺会社の経営ビジョンの概要を記載します。長期的に会社をどのようにするのか、その将来のビジョンを明示します。

❻会社の経営目標の概要を記載します。経営ビジョンを達成するためにどのように経営目標を立てているか、その目標を明示します。

❼経営計画のガイドラインとして全体の構成を明記し、この経営計画を今後どのように進めていくのかについて記載します。

❽この経営計画全体をひと言で述べるとどういうものなのか、はっきりわかるような副題を記載します。このキャッチフレーズによって、社員が経営計画を身近に感じられるようになります。

ワンポイント

　「意義」の項目は、社長が自らの会社のおかれている状況、めざしていくビジョンを考える項目。

具体的行動

　副次的にリンクづけできる「副題」や「経営目標」の意味や概要を説明する。

経営理念は会社の憲法

◉ 会社の指針を定める

　2.**経営理念**は、企業の基本的な指針です。何をよしとし、どのような行動基準をもつかということです。これは、経営計画の中で最も大切なものです。「経営計画は経営理念から始まる」といっても過言ではありません。経営理念を明文化する目的は、**経営活動をするうえでの「モノサシ」を作ること**です。この「モノサシ」には、会社の**社会での役割**と会社の**判断基準**という、2つの目盛りを入れてください。企業が社会の中でどのような役割を果たすのか、また、社員がどのような基準で物事を判断していくのかを、明確にするのです。そうすることで、組織が一丸となって進んでいけるようになります。

　経営理念は社員全員が共有するものですので、わかりやすく、なじみやすい内容がよいでしょう。特別にカッコいいものを考えようとする必要はありません。また、他社の経営理念を参考にするのはよいですが、そのままマネしても何の意味もありません。自分の会社に合った理念を定めましょう。

　すでに企業に何らかの経営理念があるのでしたら、それを踏襲して記載してください。

　ただし、その経営理念が現在の時代や経営内容とかけ離れてしまっていたら、再検討が必要です。もし現在、はっきりした経営理念がないのであれば、経営者のモットーや座右の銘、創業時の思いなどが、経営理念の候補になります。それぞれふり返ってみてください。

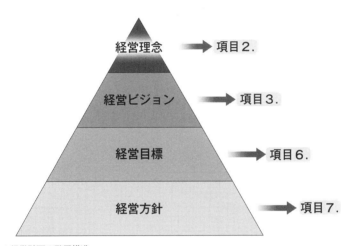

▲経営計画の階層構造。

ワンポイント

　経営理念は、この会社は何のためにあるのか、何をしていく会社なのか、指針として経営者が考える「モノサシ」である。

具体的行動

　社員全員が共有するわかりやすく、なじみやすい経営理念がよい。

経営ビジョンは
モチベーションに直結する

◉ **夢を抱く**

　３．経営ビジョンは、会社の将来あるべき姿（夢）です。これを明示するには、社長の強い思いが必要となります。

　単に「会社を大きくしたい」というようなものでは、漠然としすぎており、あまり意味がありません。次のような視点から作ってみましょう。

❶事業領域 ⇨ 将来、どのような事業領域を伸ばそうとしているのか。

❷商品 ⇨ 将来、どのような商品を主力にしようとしているのか。

❸規模 ⇨ 将来、売上や利益などをどの程度大きな規模にしようとしているのか。

❹社員 ⇨ 会社の掲げたビジョンは、社員の夢に結びつけられるのか。

　この中でも最も大切なのは、❹の**会社の経営ビジョンが社員の夢になるか**です。社員にとって、会社がどのような経営ビジョ

ンを掲げているかは、賃金や職場環境に劣らず重要な要素です。自分が会社で実現しようとしている夢と、会社の経営ビジョンが一致したとき、仕事にやりがいを感じるものです。

　なお、「社長の強い思い」と前述しましたが、経営計画委員会などが草案を作成して決定していく方法もあります。

　中小企業の場合、日常業務に追われ、将来のことまで考えられないという場合があります。どうしても夢が描けない場合は、現状を見て「3年後はこうなる」と推定して経営ビジョンを作成してもいいでしょう。

ワンポイント
　経営ビジョンは社員の夢になる。

具体的行動
　社員の夢になる将来のしっかりした経営ビジョンを作っていこう。

具体的な経営ビジョン

● ３年後の到達点はどこ？

では具体的には、どのような経営ビジョンがあるでしょうか。

中小企業にとって有効な経営ビジョンの１つに、**株式上場**があります。株式上場すれば大きな資金を獲得することができますし、知名度も上がります。社員も自分の仕事に誇りをもつことができるでしょう。

そのほか、「○○業で○○地域ナンバーワンになる」といった経営ビジョンもありますし、「**ほかの企業がやっていない○○の分野のオンリーワンになる**」という経営ビジョンも価値があります。

この経営ビジョンで、会社の方向が決まり、また、社員の夢も決まってしまいます。経営ビジョンはしっかり考えていただきたいと思います。

大きな夢を抱くのは素晴らしいことですが、夢が大きければ大きいほど、実現には時間がかかります。この経営計画は３年のスパンを想定していますので、実現のプロセスが長期にわたりそうな場合は、「**３年後の段階でここまで到達していればOK**」というふうに考えてください。

　会社を継続していくためには、経営ビジョンだけでなく、この
あと解説する経営目標が必要となります。さらには、経営目標を
達成するための具体的な目標利益計数や施策が必要となります。

　経営ビジョンは、登山でいえば、山頂に相当します。

　この山頂を制覇するために、何をどのようにして登っていくか
をじっくり考えていく必要があります。

　経営ビジョンが夢で終わらないように、経営計画の手順を踏ん
で進めていきましょう。

ワンポイント

　会社として今より少し上にいく目標を具体的に思い描く。

具体的行動

　3年後、きっと手が届く目標を、さらに先の達成したい目標から逆
算して設定してもOK。

外部環境を知る

◉ SWOT分析

　経営計画では、自社を取り巻く**4．外部環境**と、自社の**5．内部環境**を分析します。

　その手法には、**SWOT分析**があります。これはアメリカ合衆国のスタンフォード大学で考案され、経営戦略のツールとして利用されている方法です。

　SWOT分析の名前は、strengths（強み）、weaknesses（弱み）、opportunities（機会）、threats（脅威）の頭文字からきています。外部環境を「**機会**」と「**脅威**」から、内部環境を「**強み**」と「**弱み**」から分析します。

◉ 外部環境について（「機会」か「脅威」か）

　まず外部環境とは、企業の外部にあって企業の意向だけでは左右できないような環境のことで、**政治環境、経済環境、社会環境、技術環境、市場環境、労働環境、資金環境**などがあります。これらについて、ポジティブな「機会」なのかネガティブな「脅威」なのかを分析していきます。

「機会」とは、自社にとってチャンスとなるような外部環境で

す。たとえば建設業の企業にとって、政治環境面で住宅ローンの減税などにより住宅税制が充実した場合、チャンスとなります。

　一方「脅威」とは、自社にとって問題となるような外部環境です。同じく建設業を例に取ると、社会環境での人口減少の傾向は、住宅着工の総数の減少につながるため問題だといえます。

　外部のさまざまな環境は、そのときそのときで猫の目のように変わっていきますので、時流をよく見る習慣を身につけ、自社の現状を冷静に判断し、「機会」を逃さぬよう「脅威」を退けられるよう分析することが重要です。

	よい影響がある	悪い影響がある
内部環境	強み strengths	弱み weaknesses
外部環境	機会 opportunities	脅威 threats

▲ＳＷＯＴ分析の4つの要素。

ワンポイント

　企業の意向だけでは左右できない外部環境が企業の経営に干渉してくる。

具体的行動

　外部環境が「機会」になるのか、「脅威」になるのかを分析し、経営に反映させる。

内部環境を知る

◉ 内部環境について（「強み」か「弱み」か）

　次に5. **内部環境**とは、自社の**財務力、人材力、商品力、サービス力、営業姿勢**などのことです。これらについては、「強み」と「弱み」に分類していきます。「強み」に挙げられるのは、**他社より優れている点**です。たとえば商品について、「独自の工法が開発されており、他社より低コストで製造できる」といったことがあれば、商品力の「強み」になります。逆に「弱み」となるのは、**他社より劣っている点**です。「人材教育が行われておらず、社員の退職率がきわめて高い」などは、人材力の「弱み」です。

　内部環境の中で、特に重要なのが財務力です。財務力に問題があれば、設備投資や資金繰りに影響が出てきます。仮に他の面がよくても企業の活動に問題が生じるので、財務力をしっかり把握する必要があります。この財務力の状況は、経営計画の経営目標や利益目標に大きく影響してきます。

◉ 財務力を３つの視点から分析する

❶ 収益性から見た財務力

収益性とは、会社がどれだけ利益を上げているかを見るもので、２つの視点があります。１つ目は、売上高に対してどれだけ利益を上げているかを見る**売上高利益率**です。

２つ目は、会社の全資本（資産）でどれだけの利益を上げたかを見る**総資本利益率**です。

❷ 効率性から見た財務力

効率性とは、「会社の資本をどれだけうまく運用できたか」を見るものです。指標としては、「会社の全資本を使い資本の何倍の売上高を上げたか」を見る**総資本回転率**があります。

❸ 安全性から見た財務力

安全性とは、「会社を維持する体力がどのくらいあるか」を見るものです。この指標としては、**流動比率**と**固定比率**があります。流動比率は、「１年以内に支払われなければならない負債（流動負債）に対し、１年以内に現金化できる資産（流動資産）がどれだけあるか」を見るものです。また、長期的視点から「純資産で固定資産をどのくらい賄っているか」を見る**固定比率**（純資産に対する固定資産の割合）があります。

ワンポイント

内部環境の分析により、自社の強みと弱みを認識できる。

具体的行動

内部環境として、財務、人材、商品力等についての強み、弱みをきちんと分析しよう。

経営目標は道しるべ①

◉ 単なる願望ではない到着点

6. **経営目標**は、経営ビジョンの実現のための具体的な目標です。会社の将来のあるべき姿（夢）は、単なる願望だけでは実現しません。具体的な経営目標を掲げる必要があります。

経営目標としては、**定量的な（数値で判断できる）目標**と**定性的な（数値・数量では表せない）目標**があります。以下、いくつか例を挙げていきます。自社の経営形態に適した目標を設定してください。

◉ 定量的な目標

❶売上高

売上高は、非常にわかりやすい計数であるため、よく目標として使われます。しかしこの目標だけだと、売上は上がっても利益が出ないという場合が想定されます。

このため、売上高を目標の数字とする場合は、利益目標の設定も望まれます。

❷営業利益

会社の第1の目的は利益を上げることです。特に、営業活動で得た営業利益は、わかりやすい目標となります。

❸総資本営業利益率（営業利益÷総資本）

総資本営業利益率は、会社の全資本に対してどのくらいの割合の営業利益を上げたかを判断するもので、会社の収益性を総合的に見られる点で優れています。

業界の指標や過去の指標などを参考にして、目標とする率を決定しましょう。

❹売上高営業利益率（営業利益÷売上高）

売上高営業利益率は、売上高に対してどれだけ営業利益を上げたかを示すもので、利益率の高さを見られる点で指標として優れています。これも総資本営業利益率同様、業界の指標や過去の指標などを参考にして率を決定していきます。

ワンポイント

3年後をメドに、実現しうる利益の計数を掲げる。

具体的行動

経営目標は、定量的な目標と定性的な目標がある。

経営目標は道しるべ②

◉ 定性的な目標

❶自社固有の技術開発

中小企業は、取引先企業の下請けになっている場合が多くあります。下請けの場合、親企業から決められた単価や、度重なるコストダウン要請などのせいで、なかなか思うような利益が上がらないのではないでしょうか。　こうしたことに対応するために、自社固有の技術開発が求められます。「脱下請」をめざすのであれば、独自の専門的な技術開発が目標となります。

❷新分野への進出

既存市場が成熟してしまっている場合は、新たな事業分野に活路を見出すことも、選択肢の1つです。培ってきた技術を応用するなどして、新分野進出を目標にしましょう。

❸社内の仕組みの再構築

コンピュータの導入などにより業務を迅速化・合理化し、新しい仕組みを作ることも、目標になり得ます。

ただし、機械類の導入は相当の初期費用が必要となるため、費用対効果をよく検証してください。

❹ サービスの向上

業種にもよりますが、接客業などであれば、サービスの向上も重要な要素となります。従業員の訓練や方法の転換などでサービスを向上させられれば、顧客からの信頼も増すでしょう。

ワンポイント

数字では表せない会社の価値を上げていく。

具体的行動

独自の技術やサービス、社内の合理化など、企業を伸ばす要素を入れていく。

「人」「物」「金」「情報」の枠組みで考える

経営方針は
経営資源の活用

◎ 経営資源を活かす

7. **経営方針**では、**経営目標を達成するために自社の経営資源をどのように活用**していくのかを決めます。

経営資源の定義についてはさまざまな考え方があり、中小企業基本法では「設備、技術、個人の有する知識及び技能その他の事業活動に活用される資源」と規定されていますが、ここでは、「**人**」「**物**」「**金**」「**情報**」の枠組みで考えます。

❶人 ⇨ 経営目標を達成するための組織のあり方と、どのように人材を育成・活用していくのかを検討します。

❷物 ⇨ 設備の取り扱い（現在所有している設備をどのように取り扱っていくか、また、新たな設備が必要なのか）と製品（商品）の取り扱い（現在の製品をどのように取り扱い、今後どのような製品〔商品〕構成にしていくか）を検討します。

❸金 ⇨ 運転資金など日常の資金、設備投資にかかる資金、新製品開発や新技術開発に伴う資金をどのように調達していくのかを検討します。

❹情報 ⇨ 経営情報・原価情報・販売情報などの定量的な情

報（数値情報）と、市場情報・顧客情報・技術情報・商品情報・人事情報などの定性的な情報を、どのように管理していくか検討します。また、社内のシステム化についても考えていきます。

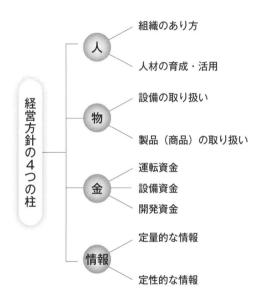

ワンポイント
　自社の経営資源の現状を把握することで、経営目標にどのように活用していくかが見えてくる。

具体的行動
　人、物、金、情報をどのようにしていくか考えていこう。

経営目標の内訳としての目標利益計画

◉ 仮想でも実行可能な数字が目安

8. **目標利益計画**では、経営目標をもとに、3か年の目標利益を作成します。

目標利益計画には、決まった形式はありません。ここでは、**売上高、売上原価、売上総利益、一般管理費等（販売費含む）、営業利益**の損益項目で作成してみましょう。

なお、損益項目については、自社の現状に応じ、売上原価に内訳として、材料費、労務費、経費などを設定します。また、一般管理費等にも内訳として、人件費、リース料、減価償却費などを設定してもよいでしょう。営業利益のほか、営業外損益や経常利益などの損益項目を加えるのも一案です。

設定した経営目標と3か年の事業展開などの予測から、3か年の損益数字を決定し、記入してください。

当該年度の決算終了後、右側の実績欄に実績を記入します。そして、当初設定した目標と実績との差額について「成果と反省」欄にコメントを書き入れてください。

（単位：百万円）

項　目	2年度計画	3年度計画	4年度計画
売上高	1,200	1,300	1,400
売上原価	960	1,040	1,120
売上総利益	240	260	280
一般管理費等	180	195	210
営業利益	60	65	70

2年度実績	成果と反省
1,200	
960	売上高は計画どおり達成した。
240	一方、人件費が増えたため、営業利益は計画を下回った。
200	
40	

▲目標利益計画と実績欄の例。

ワンポイント

　経営目標を年度単位にして直近の目標にしていく。

具体的行動

　3か年の目標利益計画を作成し、経営目標達成をめざそう。

月別目標利益計画

◉ 目標に向けて毎月予定どおりに推移しているか

　３か年の目標利益計画が設定できたら、初年度の**９. 月別目標利益計画**を作成します。

　これは、目標利益計画が毎月予定どおり推移しているのかを見るためのものです。**項目は目標利益計画と同じ損益項目で、月別に計画し、実績を記入できるようにします。**月別利益計画を作成する際は、年度単位の目標利益計画を12等分し、月次単位に割りふります。ただし、季節変動の大きい事業を行っている会社は、過去の季節変動の実績を分析して作成する工夫が必要です。

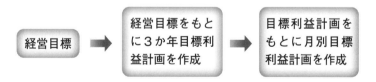

（単位：百万円）

項　目	区分	4月	5月	6月	7月	8月	9月	10月	11月	12月	1月	2月	3月	合　計
売上高	計画	100	100	100	100	100	100	100	100	100	100	100	100	1,200
	実績													
売上原価	計画	80	80	80	80	80	80	80	80	80	80	80	80	960
	実績													
売上総利益	計画	20	20	20	20	20	20	20	20	20	20	20	20	240
	実績													
一般管理費等	計画	15	15	15	15	15	15	15	15	15	15	15	15	180
	実績													
営業利益	計画	5	5	5	5	5	5	5	5	5	5	5	5	60
	実績													

▲月別目標利益計画の例。

ワンポイント

目標利益計画を月別にするとさらに直近の目標になっていく。

具体的行動

毎月の利益計画と実績の差額を見て、問題点を検証しよう。

主要施策を選ぶ

◉ 厳選された各部門の施策

10. **主要施策**は、目標達成のためのメインの施策です。経営目標と目標利益計画をもとに作成します。**各部門について、3か年にわたるプランを立てます。**社内全部署に共通する施策は**共通部門**として作成し、部門固有の施策は各部門内で作ります。

主要施策は、次のように選定します。

経営目標とリンクした施策を選定する

主要施策が**経営目標にリンク**しなければ、経営目標を達成することはできません。部門長の勝手な判断で、部門のやりたい施策を選定することはしないでください。また、目標利益計画の計数も意識して作成してください。

定量化できる施策を中心にする

施策は、その施策の効果がわかるほうがよいので、**定量化できる施策を中心**にします。ただし、定量化できない施策でも、経営目標と目標利益計画を達成するために**重要であれば採用**します。

行動計画として展開しやすいものに

　主要施策はこのあと、実際の**11. 行動計画**に落とし込む必要があります。**月次の行動計画として計画することができなければ、施策に意味はありません。**

経営者と部門長がよく協議して決める

　部門独自に施策を設定してもよいのですが、経営者やほかの部門の協力が必要なものもあり、その場合は、経営者やほかの部門とよく協議して設定してください。社内全員が共通認識をもつことが大切です。主要施策を作成するうえでいくつか注意するべき点があります。それは、**あまり難しい施策を採用しないようにすること**です。初年度から難しい施策を立ててしまうと、実現が困難になります。逆に、容易な施策ばかり採用するのもよくありません。「実施しやすいから」というだけで施策を立て、経営目標や目標利益計画を達成できなかったことはよくあります。

　また、抽象的な施策は避けるべきです。抽象的な言葉で表現すると、「行動計画」も抽象なものとなってしまいます。

ワンポイント
　部門ごとの目標達成のためのメイン施策は、実際に達成できる施策であることが望ましい。

具体的行動
　大きな経営意義から始まり、細分化した各部門の主要施策までをＡ４用紙一枚で一目でわかるようになる。

Ａ４用紙一枚から作成する経営計画書、
最後の項目

行動計画は、実際のシナリオ

◉ 具体的行動内容

　11．行動計画とは、主要施策を具体的な行動目標へと展開したものです。月別に１年分作成します。

　主要施策で実施すると決めたことについて、具体的にどのような行動を取るかを決めて、記載します。

　たとえば「５Ｓ活動の導入」という主要施策が掲げられていた場合には、行動計画としては「５Ｓ委員会を立ち上げ、全社で５Ｓ活動をする（整理・整頓・清掃までの３Ｓを実施）」などになります。

責任者
　具体的に決めた行動内容を、主体となって遂行する人の名前を記載します。

計画線表
　具体的行動内容を、いつから始めていつ終了するのか、事前に計画して線で表します。「計画」の区分（段）で、月のマスに線を引いてください。

● 実績線表

　具体的行動内容を、いつから始めていつ終了したか、終了後にふり返って線で表します。「実績」の区分（段）で、月のマスに線を引いてください。

● 成果と反省

　具体的行動内容を実行した結果、どのような結果になったかを記載します。 成果について問題などがなかったか、検証して記録しましょう。行動計画にも、作成上の注意があります。

　まず具体的行動内容については、**主要施策と関係のない内容にならないようにしてください。** また、文字どおり具体的な行動になるよう気をつけてください。　**責任者については、部門長の名前ばかり記入してはいけません。** 部門長は、最終責任者ではありますが、必ずしも**実行責任者**ではありません。ここでは、実行責任者を記載します。なお、線表については、「とりあえず年度始めから年度終了まで線を引く」といった**大雑把なものにしないでください。** できるだけ詳細にプランニングして計画線表を引き、効率的に行動していくようにしましょう。

ワンポイント
　決して大雑把にすまさない。できるだけ詳細な記述を心がける。

具体的行動
　掲げた施策が達成できる行動計画を立てよう。

経営計画書

（副題：プロジェクト○○）

○×カステラ株式会社

【計画期間】令和○年度～令和○年度

1. 意義　　66ページに詳細

菓子類全体としては増加傾向にあるにもかかわらず、カステラに関しては減少傾向にある。一方、社内では、社員の技術職の高齢化が進み若年層の教育が必要となっている。こうした状況において、当社の経営基盤を確かなものにするために、今回、経営計画を作成した。この経営計画に従って、全員が共通の認識をもって進んでいってもらいたい。

2. 経営理念　　68ページに詳細

1. カステラで、家庭に笑顔を届ける。
2. カステラの味を追求する。

3. 経営ビジョン（3年後あるいは将来）　　70ページに詳細

店舗周辺地域のシェア No.1 になる。

6. 経営目標（3年後）　　78ページに詳細

1. 売上高7億円
2. 売上高営業利益率7%
3. 新規取引先の増加と新商品開発の推進

4. 外部環境　　74ページに詳細

政治環境	（機会）：法改正等で国内外に外国人 （脅威）：規制緩和が打ち出され、
経済環境	（機会）：低金利で推移している。 （脅威）：景気が低迷しているた
社会環境	（機会）：インターネットやSNS （脅威）：労働力人口が減少して
市場環境	（機会）：付加価値の高い商品が （脅威）：お菓子類をはじめ、嗜
その他環境	（機会）：世代交代の中で、よい （脅威）：カステラの老舗の地盤

5. 内部環境　　76ページに詳細

強み	・歴史をもち、4代目として地域 ・地域では、当社のカステラの味 ・独自のカステラ製造技術を保有
弱み	・年功序列的な体質が温存されて ・生産管理が確立していないため ・営業先が固定化しており、新規

7. 経営方針　　82ページに詳細

（人）人材教育を進めて能力開発を行う。
（物）新規機械導入等により生産効率と生産
（金）設備資金、運転資金管理を徹底する。
（情報）社内システムを整備し、業務の効率

10. 主要施策　　88ページに詳細

部門	○年度	○年度	○年度
共通部門	・5S活動の導入・推進 （4月～3月）	・改善提案制度の導入・推進 （4月～3月）	・新人制度の構築 賃金体系の見直し
	・HACCPの導入 認証取得準備9月開始	・HACCPの認証取得 認証審査6月合格	・HACCPの継続
営業部門	・新規百貨店の開拓 2先開拓	・新規卸ルートの開拓 1先開拓	・イベントの推進 百貨店等イベントに参加
	・ネット店舗販売の推進 ネット売上5%増加	・直販店、軽食店の強化 店舗の売上5%増加	・新店舗を出す 1店舗新設
製造部門	・新商品開発と開発体制 整備　2商品開発	・新商品の開発 2商品開発	・新商品の開発 2商品開発
	・工場の省人化、効率化 生産コスト5%削減	・作業手順書の整備 製造に関わる手順書完成	・経費のムダの削減 経費5%削減
総務部門	・社員の教育体系の構築	・社員のスキルマップとスキルアップ計画の作成・実行	・社内基準の整備
	・受発注システム導入で 在庫10%削減	・資金繰り表による資金管理	・経理の見える化の構築

11. ○年度の行動計画　　90ページに

部門	具体的行動内容
共通部門	・5S委員会を立ち上げ、全社で をする。（整理・整頓・清掃まで
	・HACCP委員会を立ち上げ認 進める。（来年6月に認証取得）
営業部門	・新規百貨店をリストアップしせ る。（2先は開拓する）
	・社外のネット専門店舗に参加 （ネット売上5%に増加）
製造部門	・開発リーダーを中心に高級品 る。（年間2商品を開発）
	・機械導入による省人化と生産ラ 率的な運用を行う。（生産コスト5
総務部門	・階層別に必要項目を洗い出し教 化を図る。
	・受発注システムを導入し在庫の い、在庫保有を10%削減する。

　＊56～57ページ「よい経営計画の例」と同じ物ですが、再掲します。
さらに、次の見開き（94ページ）で、各項目を見やすくクローズアップします。

○年度

令和○年○月○日作成

が増え和菓子のニーズも増加している。
各業種、業態間の競争が増している。

め、消費が抑えられている。

Sの普及で、容易に商品が購入できる。
いる。

求められている。
好商品がつねに新規開発されている。

商品であれば選択されていく。
が固く、なかなか崩せない。

の信頼を得ている。
が定着している。
し付加価値の高いカステラを開発で

いるとともに社員が高年齢化している。
、原価高となることがある。
開拓ができていない。

管理を高めていく。

化を図る。

8. 目標利益計画　　▶ 84ページに詳細

（単位：百万円）

項　目	○年度計画	○年度計画	○年度計画	○年度実績	成果と反省
売上高	600	650	700		
売上原価	360	357	350		
売上総利益	240	293	350		
一般管理費等	210	253	301		
営業利益	30	40	49		

9. ○年度の月別目標利益計画　　▶ 86ページに詳細

（単位：百万円）

項　目	区分	4月	5月	6月	7月	8月	9月	10月	11月	12月	1月	2月	3月	合計
売上高	計画	40	40	60	80	40	40	40	60	80	40	40	40	600
	実績													
売上原価	計画	24	24	36	48	24	24	24	36	48	24	24	24	360
	実績													
売上総利益	計画	16	16	24	32	16	16	16	24	32	16	16	16	240
	実績													
一般管理費等	計画	14	14	21	28	14	14	14	21	28	14	14	14	210
	実績													
営業利益	計画	2	2	3	4	2	2	2	3	4	2	2	2	30
	実績													

12. ○年度の総括（成果と反省）

	責任者	区分	4月	5月	6月	7月	8月	9月	10月	11月	12月	1月	2月	3月	成果と反省
5S活動実施	5S委員長	計画												▶	
		実績													
証取得を	専務	計画												▶	
		実績													
ールスす	営業部長	計画												▶	
		実績													
する。	営業部長	計画												▶	
		実績													
開発をす	製造部開発リーダー	計画												▶	
		実績													
インの効％削減）	製造部長	計画												▶	
		実績													
育の体系	総務部長	計画												▶	
		実績													
把握を行	総務部長	計画												▶	
		実績													

４．外部環境

政治環境	（機会）：法改正等で国内に外国人が増え和菓子のニーズも増加している。 （脅威）：規制緩和が打ち出され、各業種、業態間の競争が増している。
経済環境	（機会）：低金利で推移している。 （脅威）：景気が低迷しているため、消費が抑えられている。
社会環境	（機会）：インターネットやＳＮＳの普及で、容易に商品が購入できる。 （脅威）：労働力人口が減少している。
市場環境	（機会）：付加価値の高い商品が求められている。 （脅威）：お菓子類をはじめ、嗜好商品がつねに新規開発されている。
その他環境	（機会）：世代交代の中で、よい商品であれば選択されていく。 （脅威）：カステラの老舗の地盤が固く、なかなか崩せない。

５．内部環境

強　み	・歴史をもち、４代目として地域の信頼を得ている。 ・地域では、当社のカステラの味が定着している。 ・独自のカステラ製造技術を保有し付加価値の高いカステラを開発できる。
弱　み	・年功序列的な体質が温存されているとともに社員が高年齢化している。 ・生産管理が確立していないため、原価高となることがある。 ・営業先が固定化しており、新規開拓ができていない。

10．主要施策

部　門	○年度	○年度	○年度
共通部門	・５Ｓ活動の導入・推進 （４月～３月）	・改善提案制度の導入・推進 （４月～３月）	・新人事制度の構築 賃金体系の見直し
	・ＨＡＣＣＰの導入 認証取得準備９月開始	・ＨＡＣＣＰの認証取得 認証審査６月合格	・ＨＡＣＣＰの継続
営業部門	・新規百貨店の開拓 ２先開拓	・新規卸ルートの開拓 １先開拓	・イベントの推進 百貨店等イベントに参加
	・ネット店舗販売の推進 ネット売上５％増加	・直販店、軽食店の強化 店舗の売上５％増加	・新店舗を出す １店舗新設
製造部門	・新商品開発と開発体制 整備　２商品開発	・新商品の開発 ２商品開発	・新商品の開発 ２商品開発
	・工場の省人化、効率化 生産コスト５％削減	・作業手順書の整備　製 造にかかわる手順書完成	・経費のムダの削減 経費５％削減
総務部門	・社員の教育体系の構築	・社員のスキルマップとスキ ルアップ計画の作成・実行	・社内基準の整備
	・受発注システム導入で 在庫10％削減	・資金繰り表による資金管理	・経理の見える化の構築

8. 目標利益計画

(単位：百万円)

項　目	○年度計画	○年度計画	○年度計画	○年度実績	成果と反省
売上高	600	650	700		
売上原価	360	357	350		
売上総利益	240	293	350		
一般管理費等	210	253	301		
営業利益	30	40	49		

9. ○年度の月別目標利益計画

(単位：百万円)

項　目	区分	4月	5月	6月	7月	8月	9月	10月	11月	12月	1月	2月	3月	合　計
売上高	計画	40	40	60	80	40	40	40	60	80	40	40	40	600
	実績													
売上原価	計画	24	24	36	48	24	24	24	36	48	24	24	24	360
	実績													
売上総利益	計画	16	16	24	32	16	16	16	24	32	16	16	16	240
	実績													
一般管理費等	計画	14	14	21	28	14	14	14	21	28	14	14	14	210
	実績													
営業利益	計画	2	2	3	4	2	2	2	3	4	2	2	2	30
	実績													

11. ○年度の行動計画

部　門	具体的行動内容	責任者	区分	4月	5月	6月	7
共通部門	・5S委員会を立ち上げ、全社で5S活動をする。(整理・整頓・清掃まで実施)	5S委員長	計画				
			実績				
	・HACCP委員会を立ち上げ認証取得を進める。(来年6月に認証取得)	専務	計画				
			実績				
営業部門	・新規百貨店をリストアップしセールスする。(2先は開拓する)	営業部長	計画				
			実績				
	・社外のネット専門店舗に参加する。(ネット売上5%に増加)	営業部長	計画				
			実績				
製造部門	・開発リーダーを中心に高級品開発をする。(年間2商品を開発)	製造部開発リーダー	計画				
			実績				
	・機械導入による省人化と生産ラインの効率的な運用を行う。(生産コスト5%削減)	製造部長	計画				
			実績				
総務部門	・階層別に必要項目を洗い出し教育の体系化を図る。	総務部長	計画				
			実績				
	・受発注システムを導入し在庫の把握を行い、在庫保有を10%削減する。	総務部長	計画				
			実績				

予算管理表を作る①

◉予算管理の手順

予算管理表は、Ａ４用紙一枚の経営計画の月別目標利益計画の内容を詳細に管理する場合に、Ａ４用紙一枚の**経営計画とは別に作成**します。具体的には、月別目標利益計画で計画の数値と実際の数値に差異が生じた場合は、予算管理表をもとに、科目別に原因を分析して対策を立てていきます。

◉年度予算は年度の目標利益計画を基準として作る

年度予算は、年度単位の目標利益計画を基準に作成し、支店がある場合は、支店単位で予算管理を行います。本店と支店を一緒にして管理し、支店からは月次の売上のみを本社に報告して終わりにしているケースがありますが、これでは、どこで利益が出ているのかがわからないうえ、責任の所在もあいまいになります。

そこで、全社レベルの予算管理だけでなく、支店単位の予算管理化が必要です。なお、支店単位の予算管理を行う場合、本社経費の取り扱いに留意します。基本的には、本社経費は本社で予算管理をします。本社経費を支店に配分している例をよく見かけま

すが、その場合は、配分基準を明確にし、各支店で不公平のないように注意する必要があります。

　また仮に、本社経費を支店に配分したとしても、あくまでもその管理は本社が行うことを忘れないでください。

◉ 月次予算は、年度予算を割りふって作る

　基本的に月次予算は、年度予算を月次に割りふって作成します。ただ、季節変動で業績が左右される会社は、それを考慮に入れます。予算管理表は、当月までの累計の計画、実績、差額と月別の計画、実績、差額を作成していくのが一般的です。

ワンポイント
　Ａ４用紙一枚の経営計画では、会社の規模や事業内容に応じて資料を補足する。

具体的行動
　目標利益計画をもとに、さらに詳細な予算管理表も作ってみよう。

予算管理表を作る②

◉ 月次決算を行う

月次決算を行わないと、期末の決算時まで儲かっているのか損しているのかわからず、その間、何もできなくなります。月次の試算表は、計画経営には必須です。また、支店単位に作成されていない場合は、伝票の起票段階で支店別に区別するなど事務手続きを変更して、支店別に試算表ができるようにします。

◉ 差異分析を行う

計画と実績に差額が生じた場合は、その原因分析をします。これをおろそかにしては、予算管理を行う意味がありません。そして、原因を把握したら、対策を早急に実施することです。仕事のやり方が悪い、決まったことを実施していない、あるいは方針に間違いがあった場合は、責任者を指導し、軌道修正します。

◉ 予算管理のメリット

予算管理のメリットについて、経営者と社員の立場に分けてま

とめておきましょう。まず、経営者にとっては、「**経営計画の達成状況をリアルタイムで把握できる**」「**予測される環境変化に注意を払うことができる**」「**責任を明確にすることができる**」という点が挙げられます。一方、管理者にとっては、「**何をすればよいのかが明確になる**」「**業績を測定する基準が明確になる**」という点がメリットとなります。最後に、一般社員にとっては、「**目標数値が明確になる**」「**費用を意識した行動が取れる**」という点が挙げられます。

◉ 予算管理を行ううえでの注意点

一方、注意点としては、

❶予算は、予測や見積りにもとづいて作成した計画なので、環境の変化等に応じた修正が必要（安易な修正は不可）

❷予算は作成しただけでは効果がなく、きちんと管理して初めて効果が出るものという認識をする。

予算管理が実際に効果を十分に上げるためには、経営者から一般社員まで全社レベルでの理解と協力を得られることが大切です。どんなに素晴らしい予算ができても、その予算を達成しようと会社全体で取り組んでいく姿勢がなければいけません。

ワンポイント

月次の予算管理表で計画と実績を管理すると問題点がさらにクリアになる。

具体的行動

月次管理していく予算科目をきちんと吟味して毎月の計画と実績を管理していこう。

予算管理表の例

◉ 目標利益計画を、より詳しく把握

作例を示す前に、前述のとおり、予算管理表は、A4用紙一枚の経営計画8.目標利益計画の内容を補足するものです。

8. 目標利益計画の例

(単位：百万円)

項　目	2年度計画	3年度計画	4年度計画	2年度実績	成果と反省
売上高	12,000	13,000	14,000	12,000	売上高は計画どおり達成した。一方、人件費が増えたため、営業利益は計画を下回った。
売上原価	8,400	9,200	10,000	8,500	
売上総利益	3,600	3,800	4,000	3,500	
一般管理費等	2,400	2,500	2,600	2,500	
営業利益	1,200	1,300	1,400	1,000	

項目として挙げた「売上高」以下の「年度予算」を月割りしたものを「計画」に記入し、月次決算で得た実際の数値を「実績」に記入します。さらにその差額を、「差額」欄に記入して、予算を管理します。

項目は、「売上原価」を「材料費」「労務費」……等詳細に損益項目に従って分割していけば、よりわかりやすいものになります。

（単位：百万円）

項　目		年度予算	当月までの累計			○月			計画
			計画	実績	差額	計画	実績	差額	
1．売上高		12,000	1,000			1,000			1,0
2．売上原価		8,400	700			700			7(
	材料費	3,000	250			250			2!
	労務費	3.000	250			250			2!
	外注費	1,200	100			100			1(
	経費	1,200	100			100			1
売上総利益		3,600	300			300			3(
3．販売費一般管理費		2,400	200			200			2(
	人件費	1,200	100			100			1(
	賃借料・リース料	840	70			70			
	旅費・交通費	240	20			20			
	その他経費	120	10			10			
営業利益		1,200	100			100			1(
4．営業外損益		600	50			50			
	支払利息・割引料	600	50			50			
	その他損益	0	0			0			
経常利益		600	50			50			
差異対策									

▲予算管理表の例。

経営計画作成上の問題①

◉ 陥りがちな落とし穴①

　以上、経営計画作成時に記入する11の項目について、ひととおり説明してきました（**12. 総括**は、年度終了時に書き込むことになります）。ここで、経営計画を作成するときに陥りがちな落とし穴について述べておきます。

現実離れした計画を作成してしまう

　外部環境や内部環境を考えず、理想的な計画を作ろうとすると、**現実的には達成できない計画**になってしまいます。そんな経営計画では、社員も「できるはずがない」と思い、やる気を失います。

やさしすぎる計画を作成してしまう

　経営計画は、経営理念を頂点に、経営ビジョン、経営目標、経営方針、目標利益計画、主要施策、行動計画を作成していきます。**経営ビジョンを低いレベルに設定すると、経営目標以下もそれに応じたレベルに抑えられ**、簡単に達成できる目標と、容易にできる行動ばかりになります。

　実施していく社員は楽ですが、会社としての成果は小さなものになってしまいます。

経営計画の内容に整合性がない

　経営理念、経営ビジョン、経営目標、経営方針、目標利益計画、主要施策、行動計画は、**すべてひとつながりのものとして作成されるべきです。**

　それぞれがまったく関連なく作成されると、経営計画の内容はバラバラになってしまいます。その結果、求める成果が得られないことになります。

ワンポイント
　経営計画は、理想的すぎても安易すぎても達成できません。

具体的行動
　経営計画は、チェックリストなどを参考に全体のバランスを見て作成しよう。

経営計画作成上の問題②

◉ 陥りがちな落とし穴②

定量的な目標が設定されていない

前項の続きで、経営計画を作成するうえでの問題点です。

経営目標や主要施策や行動計画に**定量的な内容が設定されない
と、成果が測定できません**。そのため、確実に目標に向かって進
んでいるのか、どのくらい目標に近づいているのかがわからなく
なってしまいます。

また、どれだけ成果が出ているかがわからないので、社員は達
成感を味わうことができず、やる気がなくなったり、仕事がマン
ネリ化したりします。

PDCAが回らない

行動計画では、月を単位に目標を設定して実行します。

しかし、**計画と実際の成果との差異を検証せず、問題への対処
策を打たないままだと、何も改善されません**。差異が生じている
場合は、その原因を追究するとともに、改善策を講じましょう。

計画・実行・検証・改善をくり返す、いわゆるPDCAのサイ
クルは、経営計画でもとても重要です。

目標に根拠がない

経営目標の数字や目標利益計画を設定しても、その数字を**達成できる根拠がなければ、意味がありません**。作成した主要施策や行動計画の中で達成できるような数字が求められます。もし、主要施策や行動計画の中に、経営目標や目標利益計画の根拠がなければ、これらは単に願望の数字でしかありませんから、見直してください。

現場が経営計画を知らない

社長とごく一部の幹部のみで経営計画を作成し、そのほかの社員に**発表しないようでは、現場に目的意識が芽生えず**、単に日常業務を行うだけになります。そうならないよう、経営計画が完成したら、発表会を開きましょう。

ワンポイント

現場を見て計画を作ることが社員の本気につながる。

具体的行動

特に大切なものは、ＰＤＣＡがしっかり回っていること。そこを肝と考えよう。

コンパクトかつ緻密に作った
A4用紙一枚を検証

作成した経営計画を
チェックする

◉ 経営計画の問題点を洗い出すチェックポイント

　次ページの表でチェックを行い、問題がある場合は、経営計画の見直しをしてください。中でも特に重要なのは、経営計画を具体的に推進していく主要施策と行動計画ですので、しっかりチェックしてください。

　もちろん、外部環境や内部環境などは日々変化していきますので、その都度見直し、バージョンアップをしなければなりません。

　全社員が目標とする理想的な経営計画を作り上げるため、くり返し検証を続けていってみてください。

項目	チェック内容
経営理念	□経営理念はわかりやすいか。 □経営理念は行動していくうえでの「モノサシ」になるか。
経営ビジョンと 経営目標	□経営ビジョンはわかりやすいか。 □経営ビジョンの内容は、到達基準として明確になっているか。 □経営ビジョンを達成するための経営目標になっているか。 □経営目標に、成果が測定できる計数が入っているか。
外部環境と 内部環境	□会社を取り巻く外部環境の機会／脅威の分析は適切か。 □会社の財務分析、社員の力量分析は適切か。 □会社の強みは明確になっているか。 □会社の弱みは明確になっているか。
経営方針	□経営目標、外部環境、内部環境にもとづいた方針になっているか。 □経営目標を達成するための「人」「物」「金」「情報」の取り組みは適切か。
目標利益計画と 月別目標利益計画	□経営目標に対応した目標利益計画を作成しているか。 □目標利益計画は、形式的に作成してしまっていないか。 □年度の目標利益計画は、季節要因などを考慮しているか。
主要施策と 行動計画	□主要施策は、目標利益計画にもとづき作成しているか。 □主要施策に成果が測定できる施策が入っているか。 □主要施策と行動計画は連動しているか。 □行動計画に具体的に施策を実現する仕組みが入っているか。 □行動計画の計画線表は、適切な期間を設定しているか。
成果と反省	□目標利益計画の成果の確認と反省ができているか。 □行動計画の成果の確認と反省ができているか。 □総括欄では、年度全体をふり返り、成果の確認と反省を的確に行うことができているか。
その他	□経営計画は、全員で共有できるような、平易な文章で書かれたわかりやすいものになっているか。

▲経営計画チェックリスト。

経営計画を
PDCA 展開する

行動計画管理表の考え方

● 行動計画管理表での管理

　行動計画管理表は、行動計画をＰＤＣＡ方式で管理し、計画と実際の動きなどを詳細に把握することができる、便利な表です。

　Ａ４用紙一枚の経営計画では、行動計画を線表で表現し、その結果については年度ベースで成果と反省の欄に記載します。

　この方式は、作成や確認が簡単だというメリットがある一方、**月単位の計画内容、実施内容、結果の詳しい検証、改善計画を表せません**。そうした内容については、おもに部門別会議を通じて検討し進めていきますが、規模の大きな会社で重要なプロジェクトを進めていたりする場合には、経営計画の会議の場でも行動計画の進捗状況を詳細に検証できたほうがよいでしょう。

　そのために、Ａ４用紙一枚の経営計画とは別に、ＰＤＣＡ方式の行動計画管理表も作成します。

○○部

施策の達成度合いを測定する
指標と目標を設定

責任者	○○	期限	令和○年○月	指標・目標*	○○○○○

項目	日程	○月	○月	○月
	指標・目標	○○○　○○	○○○　○○○	○○○　○○○

計画 (P)	指標と目標を月単位で設定
	施策を達成するための計画で目標数値をクリアできる計画を記載
実行 (D)	実行した内容を記載
目標結果	目標数値に対する結果を月単位で記載
検証 (C)	目標数値をどの程度クリアできたかを記載 計画と実行したことの内容の差を記載
改善 (A)	実行できなかったものの改善策を記載 目標数値を上回る改善策を記載

○
○
○
○
○
○
○
○

＊指標：重要業績評価指標のこと

目標：目標数値のこと

▲行動計画表の例。

行動計画管理表の進め方①

◉ＰＤＣＡ方式の行動計画管理表

111ページの表は、実行する１つの施策を「項目」の欄に書き込み、各月について「計画」「実行」「検証」「改善」を記載していくのが、大きな流れになります。

計画（Ｐ）

まず計画は、経営計画にもとづいた行動計画上の施策を達成するための計画ですから、施策の内容に即したものであることが絶対条件です。

「どのような行動計画を作成したら施策を達成できるかわからないので、計画が書けない」と言う人がいますが、**計画が書けなければ、施策は進みません**。ここは真剣に考えて、アイデアを出しましょう。

計画は、プロセス管理の基準となる月次の**重要業績評価指標（ＫＰＩ）**と目標数値に連動したものであることも必要です（重要業績評価指標については後述します）。ここがまったくピント外れになってしまうと、当然結果は出ません。

また、重要業績評価指標と連動はしていたとしても、レベルが

低すぎて目標数値に届かなければ意味がありませんし、逆に実現不可能なほどレベルが高すぎてもいけません。**自社にとって適切なレベルの計画を立てましょう。**

実行（D）

ここでは、計画したことをどれだけ実行したかが重要です。日々の業務に流されて、計画を途中までしか実行できなかったり、まったく実行できなかったりする場合があります。ここは何よりも、全員で計画どおり実行することをめざしましょう。

また、実行する内容が、計画としっかり一致するように気をつけましょう。担当者の独断で計画内容と合わないことを実行しても、期待していた効果は出ません。その点をあとで検証できるようにするためにも、**実行した内容を具体的に記録**しておきましょう。

ワンポイント
計画の内容がPDCAを回す鍵となる。

具体的行動
主要施策に沿って、しっかりとした計画を立案していこう。

行動計画管理表の進め方②

検証（Ｃ）

ここでは、計画を実行したことにより、月次の重要業績評価指標の目標数値を達成できたかを検証します。計画した内容と実行した内容に差異がなかったかどうかも検証します。

計画どおりに実行したつもりが、予定外の結果になってしまったという場合には、**計画に問題があったのか、それとも実行方法に問題があったのか**、はっきりさせましょう。外部環境の変化が影響していることもありますので、外部環境にはつねに気をつける必要があります。

改善（Ａ）

計画した内容と実行した内容にズレがあったり、計画どおり実行したにもかかわらず重要業績評価指標の目標数値に届かなかったりする場合があります。その差異を検討し、原因が判明した場合は、改善策を講じて、次月の計画に活かします。

改善策は、簡単には出ません。**部門の中での会議などを通じて、しっかり考えてみましょう**。また、改善策が現在の外部環境に対応しているかどうかも確認してください。

◉ PDCAは回っているか

　行動計画の進捗チェックでは、施策実現のための行動計画がPDCAできちんと回っているかどうかを確認します。PDCAが途中で止まっていたり、計画どおりの成果が出ていなかった場合はその原因を究明し、解消しましょう。

　PDCAがきちんと回るとそれぞれの施策が実現し、経営目標が達成されるようになります。そして、最終的には経営ビジョンの実現につながっていきます。

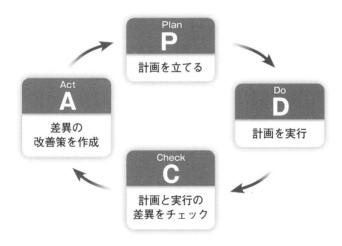

ワンポイント
　PDCAの検証は、問題発見の場に変わる。

具体的行動
　検証し、問題点をきちんと捉え、改善案を出していき目標達成に近づこう。

KPIとは

● PDCAの基準となるKPI

PDCAの基準となるのは、**重要業績評価指標**（Key Performance Indicator）、略して**KPI**です。

これは、施策の達成度合いを測定するときにどの指標に注目するかということです。たとえば、新規顧客の獲得数を重要業績評価指標にすることもできますし、顧客満足度を重要業績評価指標にすることも可能でしょう。**この指標を設定することで、目標数値も決まってきます。**

まずは、この重要業績評価指標と目標数値について、**誰が責任をもつか**を決めます。原則として、行動計画の担当者が、重要業績評価指標と目標数値の責任者になります。次に、設定した重要業績評価指標における目標数値を**いつまでに達成するのか**、期限を決めます。そのうえで、いよいよ重要業績評価指標と目標数値を決めていきます。

重要業績評価指標には、**原則としては定量的なものを選ぶ**のがよいでしょう。計測できるものでないと、進捗しているのかが見えにくくなります。部門の特性などにより、計測のできる数値がない場合には、定性的なものを設定します。

　重要業績評価指標は、誰にとってもわかりやすいものであることが大事です。わかりにくい指標で目標を立てても、達成することは難しいからです。

　また、目標数値は、施策達成につながる数値にしてください。ＰＤＣＡ方式の行動計画管理表において、結果がこの目標数値に達しないとしたら、それは計画した行動に問題があることを意味します。

　さらに、先ほど設定した期限における目標数値とは別に、月単位でも重要業績評価指標と目標数値を設定し、行動計画の月単位での展開と連動させましょう。これにより、**きめ細かなプロセス管理**ができます。

ワンポイント

　どの指標をキーとして選べば、経営計画を実現できるのかを見極める。

具体的行動

　責任者を決め、達成日を決めることで、きめ細やかなプロセス管理の核となる。

ＫＰＩの担当者の動き

◉ 目標達成をマネジメント

　ＫＰＩの担当となった人は、**つねに重要業績評価指標と目標数値を意識して行動**するようにします。担当者が重要業績評価指標と目標数値の意味をよく理解し、最適なものであると納得していることで、その指標による目標がまわりに浸透していきます。

　ただし、設定した重要業績評価指標と目標数値が、いつも適切だとは限りません。目標数値を達成したにもかかわらず、経営計画の施策が達成できないことがあります。そのときは原因を探り、重要業績評価指標と目標数値の見直しを検討してください。

　また、ある期間における重要業績評価指標と目標数値は、原則としてそれぞれ１つだけ設定して管理しますが、それだけでは施策の目標を達成できない場合は、複数の重要業績評価指標と目標数値を設定します。ただ、あまり設定数が多いと、重要業績評価指標や目標数値と施策との関係が不明確になり、管理も複雑になるので注意しましょう。

　このようにして**重要業績評価指標と目標数値が決まれば、ＰＤＣＡ方式の行動計画管理表を使いこなすことができます**。施策実現のための行動計画がＰＤＣＡサイクルとしてきちんと回ってい

るか、進捗をチェックしましょう。ＰＤＣＡがきちんと回れば、それぞれの施策は実現し、経営目標が達成されます。そして最終的には、経営ビジョンの実現につながるのです。

ワンポイント

　評価指標と目標数値で目標が達成できないようなら見直しをしていくことになる。

具体的行動

　重要業績評価指標と目標数値をつねに基準におき、問題がないか注視していこう。

PDCA方式の
進捗チェック①

◉ 計画に活動計画が書かれているか

施策を実現するための具体的な**活動計画**が書かれていない場合がよくあります。

また、施策に関係ないことが書かれていたりもします。計画はPDCAの最も重要なものです。施策を実現するために、**本当に的を射た活動計画でなければ、そのあとの実行や結果や改善は何の意味ももちません。**

計画でポイントとなるのは、施策実現のためのシナリオ作りです。「しっかりしたシナリオでなければよい成果は得られない」ということを十分に理解して、活動計画を立てていきましょう。

施策実現のために欠かせないのが、**「何を、どのようにする」という視点**です。

たとえば、「戸建て住宅を受注する」という施策に対して、「過去に受注した顧客を受注見込先としてリストアップ」するというシナリオであれば、「過去に受注した顧客を」が「何を」で、「受注見込先としてリストアップする」が「どのようにする」の部分に該当します。

● 計画に重要業績評価指標と目標数値が連動しているか

　重要業績評価指標は、計画の達成度合いを測る指標ですから、**計画とリンクしたもの**でなければ意味がありません。計画を作成したのち、計画の達成度合いを計測するには、重要業績評価指標として何がふさわしいのかを十分に検討する必要があります。また、この重要業績評価指標が決定したあと、目的数値もどのレベルに設定するかを決める必要があります。目標数値により、達成度の評価が決まるので、計画の内容を満たす目標数値を設定しましょう。

　戸建て住宅を受注する施策例に対する重要業績評価指標と目的数値が、「月1件成約する」というものなら、新規先を1日1件、訪問営業する計画は、その結果が月1件の成約へ結びつきやすいので、連動しているといえます。

ワンポイント
　計画は、具体性がないと誰も動けない。

具体的行動
　活動計画は、何をどのようにするという視点で書いていこう。

ＰＤＣＡ方式の
進捗チェック②

◉ 計画どおりに実行したか

計画したことをそのまま実行していくことが大切です。自分の判断で実行しなかったり、「このぐらいの実行でいいのではないか」と**中途半端でやめたりすると、成果がついてきません。**

ただし、社内の事情で計画を変更する場合にはきちんと変更理由を記載するようにしてください。

◉ 成果が出ているか

計画したことを完全に実行したからといって、必ずしも成果が出るとはかぎりません。たとえば営業部門で、重要業績評価指標が新規開拓件数で、目標数値は月５件と設定し、「毎月、新規見込先リストにより月100件訪問し営業提案する」と計画したとします。実際に計画どおり実行したからといって新規開拓件数は２件ということもあります。この場合には改善策が必要になります。もし、差異が発生していたらその原因を究明します。

実際にＰＤＣＡを回していると、計画と実行に差異が発生してもそのままにしているケースを見かけます。

差異は、計画を一部実行できなかったということなので、少なくとも次回には差異をなくして実行するようにします。

◉ 改善策は示されているか

実行できなかった理由として、「日常業務が忙しくてできなかった」とか、「計画のレベルが高くてできなかった」などとよく業務日誌などに記載されますが、実際は「できるにもかかわらず、しなかったのではないか」と思われるケースもよく見受けられます。

計画したのであれば、実行できない理由は外部要因などのやむを得ない事情を除けばありません。**「計画したことは何がなんでも実行する」という信念が必要です。**「次月に実行すればいい」というような安易な気持ちに流されないようにしましょう。

一方、計画どおりに実行したのに成果が出ない場合もあります。この場合は、計画した内容に問題があると考えられるので、何が問題であったのかを検討してください。問題の解決方法がわかったら計画の内容を見直し、求める成果が出る計画に作り直してください。

ワンポイント
計画は中途半端ではなく、何がなんでも実行するという信念が求められる。

具体的行動
計画どおりに、実行してみること。そして、問題点の改善もしっかり出していこう。

中堅企業の経営計画とは

◉ 中堅企業向けの経営計画とは？

　中小企業の場合は、経営者を中心として少人数で会社を運営しているケースがほとんどです。ですから、Ａ４用紙一枚の経営計画の基本フォーマットに従えば、短時間で容易に経営計画を作成することができます。ところが、中小企業でも、事業規模が大きい、いわゆる中堅企業ともなると、扱う金額が大きくなるため、その管理も大変になります。

　また、事業内容も多岐にわたるため、実施する施策や行動計画の数も増えてきます。そこで、Ａ４用紙一枚で作成した経営計画と基本構成は同じですが、**計数を詳細に管理できるとともに、施策や行動計画の数に対応できる経営計画のフォーマット**（128〜134ページ参照）を準備しました。また、年度で実施していく施策は単なる項目だけでなく、その具体的な内容も記載し、経営計画を見れば施策の内容が詳細に理解できるようにしてあります。

◉ 経営計画が数値計画になってしまう理由とデメリット

　ある程度管理体制のできている中堅企業でも、社長が売上目標

の設定や資金繰り表の作成などふだんから数値中心の経営をしているため、数値計画だけを作成することになりがちですが、それには以下のようなデメリットがありますので注意してください。

❶数値の根拠がわからない

経営計画は長期にわたり作成しますが、売上や費用は将来の需要予測を加味していくと必ずしも毎年一定ではありません。また、債務超過がある会社の場合、早く正常な会社にしたいために無理な利益を計上して数値計画を作成するところもあります。しかし、数字の裏づけを金融機関から聞かれても答えられず、結局数値計画を見直しすることになります。

❷目標を達成する方法がわからない

経営計画を数値計画だけで作成した場合には、作成した数値計画を達成するために、何をどのようにするのかが具体的にわかりません。当然、数値計画は絵に描いた餅になってしまい、数値計画は未達になってしまいます。

そうならないためにも、128ページからのフォーマットを大いに活用してください。

ワンポイント
少し大きな会社ではＡ４用紙一枚の経営計画では収まりきらない。

具体的行動
会社の身の丈に対応した経営計画を作っていく。

中堅企業の経営計画の具体的な内容

◉ 経営計画に記載する具体的な内容

中堅企業向けの経営計画のフォーマットは、「意義」「経営理念」「経営ビジョン」「経営環境（外部環境と内部環境）」「経営目標」「経営方針」について記載できる範囲を広げましたが、**記載する内容は、Ａ４用紙一枚の経営計画に準じています**。以下で、どのあたりが異なるのかについて概要を説明しておきましょう。

目標利益計画はより詳細な管理が可能に

目標利益計画の項目は、主要な内訳項目まで計画し、詳細に管理できるようにしました。また、各期について、目標利益計画の計数の設定理由を記載するようにします。利益計画は項目が細分化すればするほど、**きめ細かい項目管理が可能**になります。

損益計算書の科目を管理する

月別目標利益計画は「**予算管理表**」と名称を改め、損益計算書の科目を管理します。予算管理表は、96ページからの「予算管理表を作る」で説明したのと同様、年度予算を月次に割りふって作成します。

「主要施策」はより具体的に

「主要施策」は３か年で記載する点などは変わりませんが、単年度の主要施策の項目について、新たにその内容を具体的に記載するようにしています。これによって、当該項目の施策の詳細な内容は計画を見るだけで理解することができます。

なお行動計画は、前述した「ＰＤＣＡ方式による行動計画管理表」（以下、「行動計画管理表」と表記）により作成します。

それでは、128ページから、中堅企業向けの経営計画のフォーマットを紹介します。

ワンポイント
会社の規模や事業内容によっては、きめ細かい管理が必要となる。

具体的行動
記載する内容は、Ａ４用紙一枚の経営計画に準ずる。

1. 意義

何のために作成するのか

2. 経営理念

経営していくうえでの姿勢、考え方

3. 経営ビジョン

どのような会社にしていきたいか（将来・夢）

4. 経営環境

経済環境、技術環境、市場環境、競争環境などはどうなっているか

（1）外部環境

機会 （チャンス）	
脅威	

（2）内部環境

会社の特色──全般、各部門

強み （長所）	
弱み （課題）	

外部環境、内部環境（自社の強み・弱み）をもとに経営ビジョン実現のための経営目標を作成する

5．経営目標

経営目標を達成するために経営資源（人、物、金、情報）をどうするのか

6．経営方針

7．目標利益計画

３か年の目標数字を作成する

（単位：千円、％）

項　目	第○期		第○期		第○期	
	金　額	構成比	金　額	構成比	金　額	構成比
1．売上高						
2．売上原価						
材料費						
労務費						
外注費						
経　費						
売上総利益						
3．販売費一般管理費						
人件費						
賃借料・リース料						
旅費・交通費						
その他経費						
営業利益						
4．営業外損益						
支払利息・割引料						
その他損益						
経常利益						
目標利益数字の おもな設定理由						

8．予算管理表

年度（12か月）分を作成する

項　目	年度予算	当月までの累計			○月			計
		計画	実績	差額	計画	実績	差額	
1．売上高								
2．売上原価								
材料費								
労務費								
外注費								
経　費								
売上総利益								
3．販売費一般管理費								
人件費								
賃借料・リース料								
旅費・交通費								
その他経費								
営業利益								
4．営業外損益								
支払利息・割引料								
その他損益								
経常利益								
差異対策								

9．主要施策

3か年で実践していく内容を作成する

	第○期	第○期	第○期
○○部			
○○部			
○○部			
○○部			

10. 具体的施策

（1）○○部　　年度で実践していく内容を作成する

項　目	具体的な内容
1.	
2.	
3.	
4.	

133

11. 行動計画管理表

○○部

> 毎月、計画に対して、実行、検証、改善を作成する

責任者		期限		指標・目標*		
項目	日程	月	月	月	月	月	月
	指標・目標						
	計画						
	実行						
	目標結果						
	検証						
	改善						

*指標：重要業績評価指標のこと、目標：目標数値のこと

第**4**章

経営計画に
会社をよくする
仕組みを入れる

TITLE:○○○○○○○○

A　　B

５Ｓのメリット

◉ 会社の基盤５Ｓの効果

　古くから製造業を中心に行われている、職場の環境整備活動が５Ｓです。どのような職場においても仕事の基本であり、会社の基盤といえるもので、よい会社ほど、５Ｓがきちんとできています。　５Ｓとは、**整理・整頓・清掃・清潔・躾**のことで、それぞれローマ字で書いたときの頭文字がＳになるので、５Ｓと呼ばれます。

　整理とは、要る物と要らない物を分けて、要らない物を捨てることで、ポイントは「**捨てる**」ことです。

　整頓とは、物の置き場を決め、使った物を必ず所定の場所に戻すことで、ポイントは「**戻せる**」ことです。

　清掃とは、汚れた場所を掃除し、きれいにすることで、ポイントは「**きれいにする**」ことです。

　清潔とは、整理・整頓・清掃によってできたきれいな状態を維持することで、ポイントは「**維持する**」ことです。

　躾とは、職場のルールを守るようにすることで、ポイントは「**守る**」ことです。

　５Ｓの実施にはさまざまな効果があります。直接的な一次効果

は次のようなものです。

❶**在庫の削減** ⇨ 不要な在庫や資材が処分されることで、スペースが確保できる。

❷**段取り時間の削減** ⇨ 標準時間設定により、段取り時間が削減され、作業が効率化する。

❸**機械の汚れ防止** ⇨ 清掃により機械の汚れが防止され、不良品の発生が抑えられる。

❹**機械の故障防止** ⇨ 機械の点検整備により、故障を防止できる。

❺**コストの削減** ⇨ 「チョコ停」（設備がチョコチョコと停止すること）防止、不良品の減少などで、製造原価が削減される。

❻**納期の厳守** ⇨ 時間管理が徹底され、納期が守れるようになる。

❼**コミュニケーション不足の解消** ⇨ ルールの徹底により、連絡ミスがなくなる。

❽**安全の確保** ⇨ 不要品などの放置や機械故障が減り、労働災害が防止される。

ワンポイント

身のまわりでの捨てる、所定の場所に戻す、きれいにする、維持する、守る、がきちんとできる会社がよい会社。

具体的行動

ムダ・ムラ・ムリを省く習慣、清潔で気持ちのいい環境を維持し続けていく。

５Ｓから生じる
２次効果、３次効果

◉ ２次効果、社員の心が向上

❶社員の責任感が向上

　５Ｓを実施する中で、社員はそれぞれ役割を担うので、責任感が養われてきます。自分の担当エリアの整理・整頓・清掃などを通じて、働きやすい職場にしようと心がけるようになり、さらには、きれいになった職場にプライドをもつようになります。

❷組織推進力が向上

　５Ｓは、全員の活動です。５Ｓに参加しない人がひとりでもいると、そこだけ活動が止まってしまうので、全員が協力せざるを得ないのです。こうして、**全員参加の気運が高まり、物事を組織的に推進する力がつきます**。

❸改善力が向上

　５Ｓは改善の原点です。５Ｓを進めていくと、**職場のムダ・ムラ・ムリが減少**していきます。

◉ 3次効果、財務内容が向上

　整理によって在庫が適正在庫に近づき、**在庫効率が向上**します。整頓が十分に行われれば、道具を探す手間が省けて**生産性が向上**し、製造コストが削減されます。清掃は、機械の故障を減らして**生産速度を上げ**、やはり**製造コストを削減**します。清潔を心がけると**作業の標準化が進み**、時間管理が徹底されて、**人件費が削減**されます。また躾では、ルールの徹底で連絡ミスや再作業がなくなり、**材料費や人件費が削減**されます。

　このように、5Sの実施には絶大な効果があります。必ず経営計画に組み入れてください。

ワンポイント
　社員の責任感、組織の推進力、改善力が向上。

具体的行動
　5Sの実施はメリットが絶大。必ず経営計画に組み入れる。

5Sを推進させる

● 継続するための仕組み作り

当然のことですが、せっかく5S活動の仕組みを作っても、続けられなければ意味がありません。5Sを継続していけるような仕組みを作りましょう。

1つには、5Sマニュアルを作成することです。これには5S活動のための基本的なプログラムを、目に見える書類の形にした**5S推進計画書**も含まれます。

おもなコンテンツは整理・整頓・清掃・清潔・躾それぞれの手順書です。それ以外に、5S委員会の構成や**推進ブロックの区分**などを記載してもよいですし、5Sの目的や定義などを見失わないように明記しておくのも有効です。5S委員が、各ブロックを回って5Sが行われているかを点検する**5Sパトロール**も有効です。

まず事前に、5S委員が**5Sチェックリスト**を作成します。そのリストを持って委員は各ブロックをパトロールし、項目ごとに評価します。そして、評価の低い点を改善していきます。

5Sチェックリストは、事務部門と現場部門とに分けて作成します。それぞれの部門での5Sについて、会社がめざすあり方を

意識して、チェック項目を作ってください。

◉ その他の取り組み

　５Ｓの推進ブロックを決めましょう。会社の中で、どの空間の整理・整頓・清掃・清潔をどの部署が担当するか、ブロック分けをするのです。

　基本的に、**１つの部門が使用しているエリアは、その部門で担当**します。そのエリアを、いくつかのまとまった**ブロックに細分化**しましょう。そして１ブロックにつき、５〜10人を割りふります。また、廊下や階段のような共用部分は、５Ｓ委員会でよく協議して、いずれかの部門にふり分けます。

　また、５Ｓの効果がわかるように、**定点撮影**を行いましょう。

　５Ｓ活動を始める前に、各ブロックで、撮影位置と撮影方向を決めて、写真を撮影します。撮影した写真は、社内掲示板に掲示するなどして、全社員に見せます。そして５Ｓ活動を行ったあとに、同じ位置で写真を撮って比較するのです。

　こうすると、５Ｓによっていかに社内環境が改善されたかが一目でわかり、社員は達成感を味わうことができます。

ワンポイント

　５Ｓの絶大なメリットを継続、維持させるためにさまざまな取り組みがある。

具体的行動

　委員会を作り、書類を作り、各ブロックに細分化する。そのことで目標達成を促す。

「整理」の進め方

◉ 不要品を判定する

　ここからは、5Sのそれぞれの進め方を、具体的に見ていきます。

　まずは**整理**です。これは5Sの中でも、整頓・清掃とともに3Sと呼ばれる、核となる活動です。

　整理とは、要る物と要らない物を分けて、**要らない物を捨てる**ことです。整理ができていないと、いたるところに不要品が放置されることになります。その結果、ムダな保管コストがかかりますし、作業スペースが狭くなるせいで作業効率も落ちます。さらに、必要な物が見つかりにくくなって、作業に余計な時間を要することにもなります。整理によって不要品を排除することは、さまざまなレベルでのムダの排除につながるのです。

　整理のルールを明確化し、マニュアルにまとめていきましょう。しっかりとした**ルールがあれば、効率的にムダを排除していけます**。

　まずは、過去の**使用実績**（これまでどれくらい使ったか）と将来の**予測**（これからどれくらい使うことになるか）の観点から、必要か必要でないかの判定基準を設定します。

　次に５Ｓ委員会で、対象物事の**不要品判定管理表**を作成します。ここには、何か月使わなかったら不要品とするか（**不要品期間**）、誰が不要品だと判定するか（**不要品判定者**）、判定を確認するのは誰か（**不要品確認者**）、不要品一覧表に記載するか否かを明記します。

　さらに、治工具・金型・測定具・運搬具などについて、使用頻度を考慮しながら、手元に保有する数量・種類を設定し、**手持ち管理表**にします。

　こうして整理基準と計画が決定したら、**期間を決めて一斉に**整理を開始します。

　まずは、要らないのではないかと思われる物に**整理品伝票**を貼っていきます。

　次に、整理品伝票を貼られた物が本当に不要かどうか、伝票と現物を照らし合わせて判定します。

　不要品だとはっきりわかったら、不要品判定管理表を参照して処分方法の判定（廃棄や売却など）を行い、結果を不要品一覧表に記録します。そしてこの表をもとに、最適な方法で処分するのです。

ワンポイント
　トップが捨てる決断ができなければ整理は何も進まない。

具体的行動
　不要品判定管理表を作成し、不要品の判定を進めよう。

「整頓」の進め方

◉ 基準を決めて、いつもきれいに

整頓とは、物の置き場を決め、**使った物を必ず所定の場所に戻すこと**です。このことによって、物を探して取り出すのにかかる時間が短縮され、有効な実労働時間を増やすことができます。

整頓において大事な点は、仕組み作りです。どんなに整頓作業に時間を割いても、仕組みがないままだと、物がどこにあるのかわからなくなってしまいます。また、職場がいつも外部から見られるような状態にしておくと、「いつもきれいにしておこう」という意識が生まれ、整頓が徹底されます。

具体的な整頓の手順としては、まず整頓の基準を決めます。

物の置き場・品名・数量などの**表示基準を決め**、収納場所の指示が誰にでもわかるよう、物の置き場に**番地をつけます**。さらに、物を容器に入れる場合の**収納数の基準**も決めておきます。これらの基準を、**手順書**という形でまとめておきましょう。

基準が確立したら、対象ブロックの整頓へと移ります。

どこに何を収納するかを明確にし、どのように表示するかを決め、整頓作業のための道具を準備します。また整頓対象ごとに「いつから整頓作業をスタートして、いつまでに、誰が、何をす

るのか」というスケジュールと分担も確認しましょう。それらの準備が終わったら、実際の整頓作業を行います。

　特に注意が必要なのは、どう表示するかです。

　せっかくきれいに収納しても、表示がなかったり不適切だったりすると、混乱を招きます。**物の名前と数量を、はっきりと表示**しましょう。資材・工具などを使用目的別に分類し、カテゴリーごとに表示の色を決めると、とても便利になります。

ワンポイント

　物が散らかる原因は、所定の場所に物を戻さないことにある。

具体的行動

　整頓して、置き場、品名、数量などの表示基準を作ろう。

「清掃」の進め方

● 日常清掃と点検清掃

　清掃とは、汚れた場所を掃除し、きれいにすることです。清掃によって汚れなどのせいで発生する不良品や設備類の故障などを防止することができます。社員が「自分たちの職場は自分たちできれいにしていこう」という意識をもつと、清掃活動はうまく進みます。

　毎日決まった時間帯に、短時間の日常清掃を全員参加で行うようにしましょう。清掃する範囲と担当部署・担当者をあらかじめ決め、**清掃担当者マップ**を作っておきます。また、「ゴミが落ちていないか」「汚れが残っていないか」などの項目を並べた**清掃チェック表**を作成し、きちんと清掃が行われているかを、ときおりチェックします。清掃のルールは定期的に見直して、いつも最適な清掃が行われるようにしましょう。

　職場内の設備類の不具合を発見するという目的を兼ねた**点検清掃**も重要です。あらかじめ清掃を行う対象設備を明確にし、誰がどのような方法・手順で何を点検するかを、設備ごとに決めておきましょう。そのうえで、**日常清掃と同時に点検清掃を行います**。点検清掃も、実施状況のチェックとルールの見直しを、定期

的に行ってください。

　また、汚れない職場作りも心がけましょう。職場の汚さをなくすためには、汚れがどこから発生するのかをつきとめ、その発生源を断つことが必要です。そうしないと、汚れの発生と清掃の不毛なくり返しになります。そのほか、たとえば台車にモップを取りつけ、運搬と清掃を同時に行う「ついで清掃」などの工夫も大切です。

ワンポイント
　清掃は、地味な活動だが、毎日のくり返しが生産トラブルを防ぐことになる。

具体的行動
　日常点検と点検清掃をつねに行うようにしよう。

「清潔」の進め方

◎ 清潔・躾は２Ｓ

３Ｓによって**整備されたよい環境が崩れないようにするのが清潔**であり、３Ｓを中心としたルールを守る風土を作るのが躾です。この２Ｓによって、３Ｓが会社に根づいていくことになります。

清潔とは、整理・整頓・清掃（３Ｓ）によってできた**きれいな状態を維持**することです。整理・整頓・清掃が〝行動〟を表すのに対して、**清潔は〝状態〟**を表しています。社員の安全と衛生をよく管理し、生産性の高い作業環境を保ち、機械・設備を故障させずに効率的に運転し、製品の品質を向上していくために、清潔な状態を維持しましょう。

◎ 清潔は３Ｓの問題を解決する

具体的には、誰でも毎日３Ｓができるよう、整理・整頓・清掃**それぞれの運用基準を明記した標準手順書**を整備します。この標準手順書は社員に周知し、会社に定着させます。

３Ｓに関して問題が起こったときに対処するのも、清潔の活動

です。何度も同じような問題が発生する場合、再発防止策を講じます。発生原因考察表を使って、どの設備や材料などについて問題が発生しているのかを究明し、その原因に対する処置を実行するとよいでしょう。**整理については不要品が発生しない仕組みを、整頓については乱れない仕組みを、清掃については汚れない仕組みを構築してください。**

ワンポイント
　清潔が崩れやすい３Ｓをガードするようになる。

具体的行動
　標準手順書を整備して、３Ｓを維持していこう。

「躾」の進め方

◉ 辛抱強く、くり返し徹底

躾とは、**職場のルールを守るようにする**ことです。

就業規則を始め、各職場で定められたルールを社員が守ってこそ、職場は安全になり、生産性も向上し、企業はよい方向に発展します。

躾ができていないと、整理・整頓・清掃の効果は**続かず**、また、顧客に悪いイメージを与えてしまって、信用を落とすことになります。躾を徹底するためには、社員全員で話し合いを行うなどして、社員の理解を得ながら**職場のルール作りを行う**ことが大切です。

◉ 具体的な行動

まずは、職場にどのようなルールがあるか点検します。必要なルールが存在しなかったり、内容が不明瞭だったりすると、躾の徹底は困難です。**必要に応じて、ルールを整備**しましょう。また、ルールがあってもそれが全員に知らされていない場合は、ルールの周知を行います。

　そのうえで、社員がルールを守っていける**環境作り**をしましょう。社員がルールを守っていないことに気づいたら、その場で注意するのが大切です。くり返し、辛抱強く指導していきます。

　もしそのまま守ることが難しいルールであれば、同じ効果のある別のルールに変更することも検討してください。

ワンポイント

　躾は職場のルールの順守であり、これにより３Ｓの効果が続き、働きやすい職場となる。

具体的行動

　職場のルールを作り、順守を継続していこう。

改善提案制度

◉ 仕事を効率的にするためには、改善提案制度が有効

改善提案とは、**社員の創意工夫を「提案」という形にしてもらい、業務を改善**することです。これにより、原価が低減したり、売上が増加したり、安全性が向上したりしていきます。

まず、各部門から**審査委員**を選出し、審査委員会を立ち上げます。その委員会で、改善提案書の用紙や記入ずみの改善提案書を入れる改善箱などを作成し、制度や周知方法を検討したうえで、改善提案の**募集**をします。

審査委員会は、集まってくる改善提案書を定期的にチェックし、採用の可否を検討します。採用する改善提案が決まったら提案者に通知し、所管部に実施依頼をします。

実際には、ただ「提案しましょう」と言うだけでは、なかなか提案は出てきません。少々強制的ですが、「全員が月に1件は提案しなければならない」という制度にするのも一案です。

業務において、完全といえるものはないはずです。「**もっと効率的にするには**」「**もっと負担をなくすには**」「**もっと安全にするには**」と考えていくと、必ず改善すべきものはあります。

▼改善提案書の例。

改善提案書		
所属	氏名	年　月　日

[現在、どのようにしていますか]
❶共用の３段の工具箱に工具類が雑然と置かれています。

[どのような問題が発生していますか]（問題＝非効率化、負担、不安全など）
❶工具を探すのに時間がかかります。
❷工具の置く方向によって刃部でケガをすることがあります。

[改善策]
❶切削工具と作業工具と治具の順に段を分けます。
❷工具は、姿絵を描き、必ずもとの場所に返却できるようにします。

[改善効果]（効率化、負担減、安全化）
❶工具を探す手間がなくなります。
❷工具での負傷が減ります。

所管部使用欄	効果確認
１．実践する 実施日：　年　月　日	確認日：　年　月　日
２．一部修正し実践する 実施日：　　年　月　日	実践後効果はどうか
３．実践しない 理由：	

＊記載方法は、図、表、イラストでもかまいません。
＊記載しきれない場合は、別紙を添付してください。

改善提案制度の成果

● 改善提案制度の進め方

前述したように大変かもしれませんが、全員が最低月に1件は、改善提案を挙げるという制度にしてみましょう。

社員の中には、改善提案するといっても思い浮かばないという人もいます。しかし、客観的に仕事を俯瞰(ふかん)すれば、今まで気づかなかったことも見えてきます。

ふだん、大きな問題もなく動いている仕事の場合、あえて変えることはなかなかしないものですが、会社として積極的に業務の改善提案が上がるように推進していきましょう。

「よりよくする」という意識を社員全員で共有できれば、業務も人心も、新陳代謝が促され、「イノベーション」へ発展していきます。改善提案制度を取り入れることで、改善する文化が生まれ、仕事の改善が進みます。

また、改善提案に対して、会社側として報奨金を出すこともあります。報奨制度をきちんと制度化すると、より積極的な提案を促せる可能性が高まります。

◉ 改善提案制度を行っていない会社に起こる弊害

　現状のやり方をつねに踏襲して仕事を進めています。そして、作業上のトラブルが発生しても、とりあえず修理や修繕ですませるなど、応急的な対応に終始するため、同じようなトラブルがくり返し発生することになります。

　コスト面では、取引先などからコストダウン要請があった場合、それを受け入れたとしても、社内の生産方式が従来どおりなので、社内の製造コストを下げることができません。その結果、会社の利益は縮小します。

ワンポイント

　改善のくり返しが仕事をやりやすくしていく。

具体的行動

　社員全員がつねに改善案を出すように習慣づけていこう。

経営会議を開く

◉ 経営会議とは

経営会議は、会社の実行すべきことを**決定**し、実行してきたことを**検証**し、問題があれば**改善を指示**する場となります。

この会議では、作成した経営計画の**推進状況**を検証します。また、経営課題の検討も行います。

◉ 経営会議の構成と開催

経営会議の構成メンバーは、社長、役員、部門長となります。

開催は、原則として月1回、月初に開催する定例会議となります。開始通知は、総務部が社長名で行います。

また、経営会議の進め方は、会社の体制にもよりますが、総務部長が司会進行をして進めるケースが多いです。

◉ 経営会議のメリット

経営会議を開催することにより、会社の各部門の責任者が集まり、そこで意見を出し合って**合議事項**として決めることができま

す。

　そして、合議事項は会社の決定として、責任者を通じて関係者に伝えられて実行に移されていきます。

　また、経営会議を開催することで、社長ひとりが一方的に実施すべきことを決めて、あとは伝達事項になるということにはならないので、**全員参加の意識**が醸成され、施策のやる気につながります。社員は実施する内容をきちんと理解・納得し、腑に落ちなければ、なかなか行動に移せないものです。

ワンポイント
　全員参加型の会議で、社員に実行責任が生まれる。

具体的行動
　経営会議を毎月定例化して。合議として経営を進めよう。

経営会議の進め方

◉ 経営計画の作成

　経営理念をもとに、経営ビジョン、環境分析、経営目標、経営方針、目標利益計画、主要施策、行動計画などの経営計画を作成していきます。そして、ここで作成した経営計画は、全社員に発表して、実行していくこととなります。なお、社員参加型の委員会方式の経営計画は、作成および進捗管理の構成メンバーに、必要に応じて施策の責任者が加わります。

◉ 経営計画の進捗管理

❶目標計数と実績との差異の検証

　経理部門より提出された月次の目標利益計画をもとに、計画どおりに実績が推移しているかをチェックします。実績が計画に満たない場合、また仮に、計画が実績を下回っている場合は差額対策を検討し、改善策を考えます。

　計画は、実現できる目標を定めるべきです。実績が目標を大きく下回っても、大きく上回っても問題です。

❷行動計画の差異の検証

　行動計画は、各部門が計画した行動内容がきちんと実行され、そして検証、改善というPDCAのサイクルで問題なく回っているかを見ます。このPDCAのサイクルに問題が発生している場合は、その原因を検討します。

◉ 経営課題の検討

　所管部門の役員や部長から、現在、発生している経営上の課題について挙げてもらい検討します。

ワンポイント
経営会議は経営計画の進捗をみんなで考える場となる。

具体的行動
経営計画の作成とその進捗状況のチェックをきちんと行おう。

経営会議がない会社

◉ 経営会議がなければこうなる

　年度の初めに売上や利益の計数目標を設定して、あとは、その計数をめざして日々仕事を進めています。その結果、社長は、決算期が近づくと、「今期はなんとか黒字になりそうだ」とか、あるいは「赤字になってしまうかもしれない」と慌てます。

　その後、決算が終わり、黒字であれば、新年度もまた計数目標を定め、社員に対し、「昨年と同様に新年度も新たな計数目標の達成に向けて頑張ろう」と伝えます。黒字の原因などは**特に分析せず**、社員には「みんなが頑張ったから黒字になった」と言って終わることも多いものです。

　社員も「なんとかうまくいったんだな」と思い、日常業務に就きます。

　一方、赤字の場合は、社長は頭を抱え、まずは取引金融機関に出向き、赤字についてその要因を説明します。

　赤字の要因としては、取引先の取引額が減少したとか、コストダウンの要請があり利益が減少したなどを挙げます。そして、新年度は、赤字を挽回すべく、「営業に力をいれ、取引量の拡大や新規取引先の開拓を推進する」と言い、取引金融機関をあとにし

ます。実際は、取引量の拡大や新規取引先開拓のあてもありません。いつもどおり、**日常業務に追われ、赤字対策は進みません。**

◉ 経営会議は、各部門のコミュニケーションの場

　経営計画がないと異なる部門同士のコミュニケーションがとりづらくなります。経営会議が行われれば、ふだん仕事で話す機会のない部門であっても、お互いを理解するようにコミュニケーションを図れます。これにより、全体として仕事がスムーズに運ぶようになります。経営計画を実現していく以外にも経営会議のメリットはあるのです。

ワンポイント
　経営会議がなければ、経営計画は、なりゆきで進むようになる。

具体的行動
　毎月の経営会議をきちんと開催して、問題がないかをチェックしよう。

経営会議の議事録

◉ 議事録を残す

経営会議の議事録には、次のようなことを記載します（163ペー
ジを参照）。

❶議題と決定内容

❷次回の課題

新たな課題や今回検討したが決定に至らなかった内容で、次
回以降に決定していくものとその責任者を記載します。

❸次回の会議日程

経営会議の議事録				
開催日時	年　月　日　時　分〜　時　分		場所	
参加者			書記	
内　容				

1．議題

2．決定内容

内　容	責任者	完了期日
1．		
：		

＊決定内容は具体的に記載すること。
＊決定内容は、別途行動計画を作成し、会議ごとに進捗状況を報告。

3．次回の課題

課　題	責任者
1．	
：	

4．次回の会議日程

▲経営会議の議事録の例。

営業日報

◎ 営業日報とは

営業日報は、営業活動を日々記載するものです。

営業日により、各営業担当者はそれぞれ営業活動終了後に、商談内容や月や日々の目標に対する成果などを記載します。そして、記載が完了すると上司に提出して営業指導を受けます。

◎ 営業日報のメリット

営業日報には、次のようなメリットがあります。

❶ 日常の営業活動を詳細に把握することができるので、上司が営業のやり方などにムダがないか**検証**できます。

❷ 商談状況がわかるので、上司の支援が必要なときなどに、上司は**タイムリーに同行訪問**をしてフォローできます。

❸ 営業担当者のその日の目標の達成度がわかるので、当日の目標を下回っている場合には、その**対策を上司と一緒に検討**することができます。

◉ 営業日報の構成

　企業によって異なりますが、共通する基本的な構成を挙げると、営業日報には、訪問先、訪問相手、訪問目的、商談状況、商談結果などを記録します。

　商談内容は重要で、要点がしっかり書かれていないと上司も具体的な指示ができないので注意が必要です。

　また、今月の目標、今月の実績、本日の実績といった計数も記載します。さらに、その日の問題点と対策を記載します。

　最後に上司に提出し、指導コメントをもらいます。

◉ 営業日報を作っていない会社

　日常の営業活動は、すべて営業担当者に任せています。そして、1日の営業活動が終了し帰社したあとは、営業担当者が大事だと思うことは、上司に口頭で報告をします。このように営業活動はすべて**担当者任せ**のため、営業先と日々どのような交渉をしているのかが、上司にはわかりません。このため、営業担当者が営業目標に未達であってもどのような商談をしているのかもわからず、うまくサポートができなくなってしまいます。

ワンポイント
　営業日報があると日々の活動の情報交換の場となる。

具体的行動
　営業活動を毎日記載して、情報の共有と問題点の解消をしていこう。

顧客台帳

◉ 取引先を管理

顧客台帳は、取引先を管理していくものであり、具体的には、**取引先の売上規模**や**社員数**などの**取引先情報**、そして、**取引先評価、訪問交渉記録**などを記載します。

168ページの顧客アプローチリストは、会社が各営業担当者の進捗を一元管理するもの。別の用途で使用するので混同しないようにしてください。

この顧客台帳で、取引先の状況がわかるとともに、取引先と自社との取引内容もすべてわかります。

また、顧客台帳には、次のようなメリットがあります。

❶ 取引先の全容がわかるので、**取引方針**を容易に設定できます。

❷ 取引先の財務力などがわかるため**与信管理**に利用できます。

❸ 取引先との時系列の交渉経緯がわかるため、自社の営業担当や上司が変更になっても今までの経緯がきちんと把握できスムーズな**引き継ぎ**ができます。

❹ 取引先のニーズが把握できますので、**ニーズに応じた対応を迅速かつ、きめ細かく**できます。

◉ 顧客台帳の構成

　顧客台帳では、**取引先情報**として、売上高、販売先、仕入先などの企業の業務の取組内容を記載します。次に、**取引先評価**として、品質、コスト、納期、財務力などの取引先の評価を記載します。さらに、**訪問交渉記録**として、取引先とどのように取引していくかの取組方針を決め、その方針に従って訪問計画を作成して、訪問した状況を記載していきます。取引先の状況により、必要な情報は適宜追加します。

◉ 顧客台帳の活用方法

　営業面では、取引先の会社の状況がわかりますので、そうした情報をもとに製品などの取引内容を打ち合わせていくことができます。

　また、営業上の製品取引などでは、一般的に与信を設定します。こうしたときに、過去の取引量や財務力をもとに評価していきます。さらに毎年度、取引方針を決め、その方針に従って訪問していきますが、商談状況を把握して、取引の強化を図っていきます。

ワンポイント
　取引先を把握することで、交渉優位となる。

具体的行動
　取引先の台帳を作成し、取引先情報などを記録して管理していこう。

顧客アプローチリスト

◉ 顧客アプローチリストのメリット

顧客アプローチリストは、会社が各営業担当者の契約に向けての進捗状況を一元管理するための表です。

顧客アプローチリストには、次のようなメリットがあります。

❶ すべての個別案件について取組方針のもとにどの程度まで営業が進んでいるかといった**進捗状況が一目でわかります**。

❷ 営業推進上で問題点がある場合は、**社長や営業責任者を交えて対策を講じることができます**。

❸ 営業案件に対して、社長や営業責任者など関連する者がすべて**情報共有**して、推進していくことができます。

◉ 顧客アプローチリストの構成

顧客アプローチリストの基本的な内容は、次のようになります。

❶ **担当者** ⇨ 営業担当者名

❷ **取引先** ⇨ 営業先名

❸ **取組方針** ⇨ どのように営業していくか

❹ **訪問条件** ⇨ 月に何回訪問するのか

❺**取引経緯** ⇨ 営業するに至った経緯

❻**取引金額** ⇨ どの程度の取引をしていくか

❼**先方担当者** ⇨ 営業先の責任者

❽**直近交渉日** ⇨ 直近ではいつ訪問したか

❾**交渉状況** ⇨ 現在営業活動はどの程度進んでいるのか

❿**課題** ⇨ 交渉していて今何が課題になっているか

⓫**成約率** ⇨ 成約になる確率は何パーセントか

◉ 顧客アプローチリストの活用法

　営業担当者は、個別案件ごとに行動していますが、会社あるいは上司が管理していくうえで、営業先全体の表がないと営業部門全体でどのように進んでいるのかが見えません。このため、この顧客アプローチリストを作成することにより、**取引先ごとに営業の推進状況を把握**するとともに、会社全体としての目標達成度も把握します。

❶	❷	❸	❹	❺	❻	❼	❽	❾	❿	⓫
担当者	取引先	取組方針	訪問条件	取引経緯	取引金額	先方担当者	直近交渉日	交渉状況	課題	成約率
山田一郎	○○商事	新規取引推進	週1回	エリア内新規	月500万円	渡辺課長	10/1	製品説明	当社製品の優位性の理解	10%

▲顧客アプローチリストの例。

074

取引先の課題を解決して、
契約を成立させる

提案書

◉ 提案書とは

提案書は、課題に対して解決策を検討し、その結果を書面で作成するものです。提案書には決まった形式はありません。

通常は**営業担当者が取引先の課題や要望に対し、提案書として提出**しています。

◉ 提案書のメリット

提案書には次のようなメリットがあります。

❶取引先の課題に対して**課題解決**の姿を書面で提出しますので、取引先は内容を的確に把握することができます。

❷提案書があることにより、取引先が社内で説明する場合に、自分で説明する必要はなく、その書面を提出するだけですみます。

❸取引先が自社の課題を解決する場合に、複数の会社から提案書を出してもらい、書類で比較することができます。

◉ 提案書の構成

提案書の基本的な構成は、次のようになります。

❶現状 ⇨ 現状とは、現時点における課題をいいます。現状をしっかり分析していないと解決策が的外れになりますので、十分に調査したうえで作成していきます。そのためには、取引先の現状についてしっかりヒアリングしたり、観察したりすることが大切です。

❷目標 ⇨ 目標とは、課題を解決した場合のあるべき姿です。技術面、費用面、スケジュール面などの制約条件を考慮して作成します。

❸提案 ⇨ 現状と目標の差を解決していく方法を社内で十分検討し、提案内容として記載します。特に営業提案の場合は、他社との提案書の競合となるため、費用面や技術面などを比較して優位性があるかどうかを十分に検討してその結果を記載していきます。

❹採用後の対応 ⇨ 採用された場合の導入方法などについて記載します。具体的には、進めていくための費用や導入スケジュールなどを記載します。

ワンポイント
提案書は、取引先を納得させる切り札となる。

具体的行動
取引先の課題をきちんと捉え、解決策を提案していこう。

075

口頭では伝わらない効率的な
作業マニュアル

作業手順書

◉ 仕事を顕在化する

　作業の安全性と生産性を高め、生産物の品質を向上させるのに
役立つツールとして、作業手順書があります。

　作業手順書とは、作業内容をステップごとに分けて順番に並
べ、**それぞれの作業方法とポイント、業務知識などを整理**した書
類です。これを作っておけば、経験の浅い社員に仕事を教える教
育時間も短縮され、技能が効率的に伝承されます。

　適切な作業手順が規定されるので、ムダ・ムラ・ムリがなく
なって作業の生産性が保たれますし、失敗や故障の発生しやすい
ところが記載されているため、**作業ミスや災害を回避**できて、コ
ストも軽減されます。

　正しい作業の進め方を示すだけでなく、**安全性、生産性、品質
を高めるためのもの**だと意識して作成しましょう。この作業手順
書が、会社の作業標準になります。

　作業手順書を作るにあたっては、いくつかの留意すべき点があ
ります。まず、当然のことですが、**法律に違反しない内容**である
ことが大切です。職場の安全衛生基準などにも照らし合わせて、
問題がないか検証していきます。

　また、作業手順書は単独で作るのではなく、**自社の技術基準や設備管理基準などを参照**して作りましょう。

　会社によっては、**生産用と安全用とで作業手順書を分けて作成している場合があります**が、別々に見るのはわずらわしいので、一本化することが望ましいでしょう。

○○課	○○職場	作業人員	1名	作成日	○年○月○日
				改定日	○年○月○日
作業名	配送車の洗車・清掃手順書				
作業範囲	配送車の洗車・清掃				
機械	洗車機、掃除機		道具類	ブラシ	
資格・免許	自動車普通免許		保護具	専用手袋	

No.	作業手順	ポイント	必要な業務知識
1	配送車の鍵を保管庫からもってくる。	鍵の紛失に注意	
2	配送車を保管場所から洗車場に移動する。		洗車手順書を準備

▲作業手順書の例。

ワンポイント

　作業手順書が共通の言語になり、誰でもそれで仕事ができるようにする。

具体的行動

　作業内容ごとに、作業手順書を作成していこう。

外注管理

◉ 外注管理とは

外注は、全部または一部の作業を外部に委託するものです。その場合に内外作の区分の設定、外注先の選定、外注価格の評価、納期管理、品質管理などを、会社として行っていくことを外注管理といいます。

外注管理には、次のようなメリットがあります。

❶ 外注先の**外注条件を明確**にすることで、過度の依存がなくなります。

❷ 外注先の**評価を行う**ことで、外注先の力量をきちんと把握できます。

❸ 外注先の**価格を把握**できるため、適正な外注費で取引できます。

❹ 外注先の**生産・施工計画**を把握できるため、納期遅れがなくなります。

❺ 外注先の**品質管理**を行うので、外注先の品質トラブルがなくなります。

外注管理は次の手順で進めていきます。

❶内外作の区分の設定

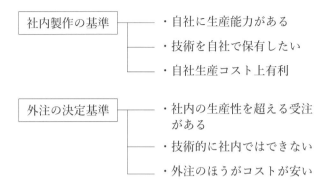

社内製作の基準
- ・自社に生産能力がある
- ・技術を自社で保有したい
- ・自社生産コスト上有利

外注の決定基準
- ・社内の生産性を超える受注がある
- ・技術的に社内ではできない
- ・外注のほうがコストが安い

❷外注先の選定

つねに外注先を「選定」する意識が必要となる。このため、外注先の経営内容を記載した外注先管理カードを作る。

❸外注価格の評価

複数見積りを取る。自社のモノサシ（価格見積技術）で評価する。

❹納期管理の徹底

外注先の工程計画と実績をチェックし、差異を原因究明し対策を講じる。

❺品質管理を厳正に行う

外注先との定例工程会議を通じ仕様の確認をする。品質管理チェックシート等を作成し活用する。

ワンポイント

馴れ合いで外注先を使うと外注費が上がってしまう。

具体的行動

外注基準を制定し、外注していくようにしよう。

購入管理

◉ 会社がきちんと管理

　購入管理とは、材料等を購入する場合に、**購入基準の作成、購入方法の決定、購入先の選定、購入価格の評価**、さらには**納期管理、品質管理、在庫管理**などを、品質の管理やムダを省くために会社として行っていくことです。

◉ 購入管理のメリット

購入管理には、次のようなメリットがあります。

❶購入先を分散し、**過度に特定の購入先に依存しなくなります。**

❷本部一括購入などで、**購入コストを削減**できます。

❸購入先の評価を行うことで、**購入先の力量**をきちんと把握できます。

❹購入先の生産価格を把握できるために**コスト管理**ができます。

❺購入先の生産計画も把握でき、**納期遅れがなくなります。**

❻購入先の品質管理も行うので、**品質トラブル**がなくなります。

❼適正在庫管理ができ、**資金の効率化と在庫の陳腐化**を防止します。

項　目	項　目	評　点
会　社	1．社内の統率がとれているか。	
	2．社内の連絡、伝達事項、対応に不快感はないか。	
	3．整理、整頓、清掃は十分にできているか。	
技　術	1．品質保証ができる機材を所有しているか。	
	2．機会や設備を使いこなす技術者はいるか。	
	3．自社開発等の特許製品はあるか。	
	4．技術資料の提出は十分か。	
品　質	1．品質を大切にする考えが末端まで徹底しているか。	
	2．不良品再発防止のシステムができているか。	
	3．測定器の精度を定期点検しているか。	
	4．生産ラインは整備、確立されているか。	
納期運搬	1．受注品の納期は予測できるか。	
	2．納期遅れを挽回するシステムがあるか。	
	3．製品の運搬体制は十分か。	
資　金	1．資金繰りはうまくいっているか。	
	2．財務状況はよいか。	

▲建設会社の購入先評価表の例。

工夫しだいで収益を増大させる

購入管理の手順

● ムダ・ムラ・ムリに目を光らせる

自社できちんとした購入管理をしていないと、購入単価が高くなったり、納期遅れや品質トラブルが発生したりします。売上はよくても、収益が伸び悩み、対外的に信頼を低下させてしまうのです。つねに購入先を「選定」するという意識が重要です。

選定のためには、購入先の経営内容を把握できる資料が必要です。経営内容、主要業務、社員数、「強み」「弱み」などを記載した**購入先管理カード**や**購入先の評価表**などを作成しましょう。

● 納期管理の徹底

購入品の納期遅れが発生すると、自社のあとの段取りに狂いが生じます。だからこそ、自社工場と同様に**「生産管理」を徹底**していく必要があります。

納期管理では、購入先の生産の計画と実績をチェックし、生産の計画と実績に差異がある場合は原因を究明して、計画どおりに進めるにはどうしたらよいか、対策を講じていきます。

◉ 厳正な品質管理

品質管理は、非常に大切なことであり、不良品が発生すると、企業の将来にも影響します。購入先との定例会議を通じて、**仕様の確認**を行ったり、**品質管理のチェックシート**を作成・活用したりしましょう。

また、購入先の品質管理体制に問題がある場合には、購入先に対して品質管理教育を実施します。こうした指導を行っていくことが、購入先のレベルアップにつながります。

◉ 購入のコストダウン

購入は、製造原価そのものであり、この原価を下げれば利益が上がります。ですから、購入のコストダウンの方法を、つねに積極的に検討していくことが大切です。

企業は、購入管理の巧拙によって、利益を伸ばしたり、利益を失ったりします。徹底した購入管理こそ、収益増の決め手になるケースもあります。

なお、製造等の一部を外注している場合も購入管理に準じた管理が必要になります。

ワンポイント
購入先の情報は、単価引き下げのツールになる。

具体的行動
定期的に購入先情報を整備し、購入先の評価もしていこう。

品質向上委員会

◉ 品質向上委員会のメリット

品質向上委員会は、会社や製品・サービスの品質向上に関することを検討、推進し、顧客満足の向上のために開催します。製品の品質は放置しておくといつの間にか、作業が適当になって劣化していきます。つねに品質の管理は必要です。品質向上委員会では、品質に関する方針を決め、決定したことは品質にかかわる部署の責任者が即実行します。これにより、問題への対処が迅速になります。

また、品質向上委員会を通じて不適合やクレームへの対策をきちんと行うことで、よい製品作りにつなげていくことができます。

◉ 品質向上委員会の構成と開催

品質向上委員会の構成メンバーは、原則として社長、役員、製造部門など品質にかかわる部門長がなります。

開催は、原則として月1回行い、定例会議とします。なお、重大な不適合があった場合などは臨時開催します。開催通知は、品質担当責任者が行います。

　そして、品質向上委員会は、会社の不適合やクレームの防止策を決定していきます。決定したことは、全社ベースで実行することになります。

ワンポイント
　品質は、つねに監視していないといつの間にか適当になり、落ちてしまう。

具体的行動
　品質に関する委員会を定期開催し、不適合やクレームを改善しよう。

賃金体系

◉ 賃金体系とは

　賃金は、社員1人ひとりに支払われる働きに対する対価です。賃金の構成には、**基本給**と**諸手当**がありますが、基本給は賃金の中で構成割合が高く、最も重要な部分を占めています。

　基本給については、会社業務に対応した算定方法にすることが大切です。こうした賃金の構成や賃金の算定方法を決めたものが賃金体系となります。

◉ 賃金体系の構築のメリット

賃金体系の構築には、次のメリットがあります。

❶社員を採用する際の賃金は、現在の社員の賃金水準を勘案して賃金規程の**採用規定**により容易に決定できます。

❷**昇給方法も定められている**ので、人事考課をもとに査定を行い、社員の貢献度合いにより昇給を行うことができます。

❸社員の能力をきちんと評価し、現在の社内における**位置づけを明確**にすることができます。

◉ 賃金体系の構成

❶賃金の構成は大きく分けて２つ

賃金は、大きく分けて「基本給」と「手当」で構成されます。基本給は、名前のとおり賃金の基本的な部分であって、一般的には、年齢、勤続年数、能力、仕事内容などを考慮して支給されます。一方、手当は、特定の条件に合致した社員に対して支給される賃金です。役職手当、家族手当、通勤手当などがあります。

❷基本給の構成

一般的に、年齢給、勤続給、職務給、職能給などがあります。職能給が「人間基準」の賃金であるのに対し、職務給は「仕事基準」の賃金といわれ、今何の仕事を行っているかということで賃金が決まります。

ワンポイント

職能給が「人間基準」、職務給は「仕事基準」の賃金といわれている。

具体的行動

賃金体系は、会社の実態に合わせて作っていこう。

不公平な賃金体系のままだと
社員のやる気を削ぐ

人事考課

◉ 人事考課とは

会社に対して、努力して貢献度が高い社員と努力せず貢献度が低い社員が同じ昇給だとすれば、不公平です。この社員の貢献度を正しく評価する方法として人事考課を行います。

１．人事考課を実施するための条件

人事考課の条件として、次の３つが重要となります。

・人事考課基準が作成されること
・作成した人事考課基準が社員に公開されること
・人事考課基準によって考課した結果が社員にフィードバックされること

２．人事考課の構成

人事考課は、原則として、成績考課、執務態度考課、能力考課という３つの考課により評価する構成とします。

❶成績考課

成績考課は、仕事の内容について質的な面と量的な面から評価します。

❷執務態度考課

執務態度考課は、仕事に取り組む行動を、規律性、協調性、積極性、責任性などの面から評価します。

❸能力考課

能力考課は、仕事を遂行できる能力を、知識・技能、判断力、企画力、折衝力、指導力、理解力、創意工夫などの面から評価します。

◉ 考課の種類

考課の種類は、昇給、昇格、賞与の３種類です。会社に対する貢献度、仕事の能力を評価し、賃金に反映させます。

社員それぞれの能力を見極め、適材適所に職務配置をし、かつ、やる気を高め能力伸長を促します。

ワンポイント

正しい人事考課は、公平な評価を醸成する。

具体的行動

成績考課、執務態度考課、能力考課を基本に人事考課表を作成しよう。

人事考課の進め方

◉ 考課者とその方法

　原則として、次のような段階に分けて評価をしていきます。1次考課者は、被考課者の直属の上司とし、2次考課者は、1次考課者の上司とします。1次考課者と2次考課者の考課結果に違いがある場合には、2次考課者は1次考課者の意見を聴いて原因を追及します。3次考課者は最終考課者で通常は社長がなります。

　簡単にいえば、まず直属の上司、次に部課長、そして社長という段階で評価されていくということです。

　考課方法は、原則として、あるべき姿（会社の求める水準）に対して被考課者がどういう水準なのかを評価します。

◉ 考課結果のフィードバック

　面接により、考課結果を説明します。考課結果のよい者には、どこがよかったのかを説明するとともに、さらに高い目標をめざすように指導します。一方、考課結果の悪い者には、どこが悪かったのかを説明するとともに、改善策を一緒に検討します。

◉ 考課の実施

❶ 賞与の考課

賞与は、賞与の考課表により評価します。賞与の考課表は、成績考課と執務態度考課の考課要素の考課表を作成して評価します。

❷ 昇給の考課

昇給の考課は、あらためて昇給として考課するのではなく、夏と冬の賞与の考課表の２回の評価を勘案して昇給評価を決定します。

＊昇給の場合は、考課表による考課はありません。

❸ 昇格の考課

昇格の考課は、昇格の考課表により評価します。

ワンポイント

人事考課は、結果のフィードバックで社員に気づきを与えることができる。

具体的行動

人事考課は段階の評価を行い、考課結果をフィードバックをしていこう。

目標管理

◉ 会社の目標を確実に達成

目標管理は、上司が部下に対して、会社の方針にもとづいた部門目標を説明し、部下は、半年あるいは1年間の仕事の目標を作成して、それを実施していくものです。この制度により、会社の目標を確実に達成することができます。

目標管理には、次のようなメリットがあります。

❶押しつけの目標ではなく、部門目標に対して**個人が自ら目標設定して管理していく**ことで、やる気につながります。

❷社員1人ひとりの業績や能力の向上度合いを的確に把握し評価することにより、**人事査定や人事の処遇に反映**させることができます。

❸目標管理についての部門長との進捗面談により部門長の指導、助言にもとづき**人材育成**をすることができます。

経営計画の個人への展開

経営計画は会社の最大の仕組みです。そしてこの経営計画は、会社の経営目標、部門目標、個人目標とリンクしていきます。

すなわち、**最終的に経営計画の推進を担うのは個人**になりま

す。目標管理によって、押しつけの目標ではなく、部門目標に対して個人が自ら目標設定して自主管理していくことで、やる気につながります。

社員の能力開発
自らが主体的に目標を設定し進めていくことは、主体的な能力開発につながります。

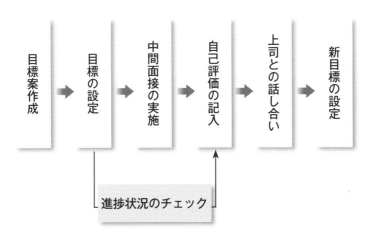

▲目標管理のフロー図。

ワンポイント
目標管理は、部門目標に対応した個人の仕事の進捗状況を見える化する。

具体的行動
部門目標をもとに、個人別の目標管理表を作成していこう。

目標管理表の例

社員番号	氏名	所属	等級	役職
123456	山田一郎	工事部	3級	主任

	（本人記入）		スケジュール（月別予定・実績管理）				
	重点目標		4月	5月	6月	7月	
1	受注した工場について、実行予算管理一覧表をもとに工事の進捗管理を行い、粗利益を25%を獲得する。	予定	進捗管理の徹底				
		実績	1工事完了し、25%確保した。	予定どおり進捗。	予定どおり進捗。	1工事終了。23%だった。	
2	資材購入において、従来の購入価格の平均10%コストダウンを図る。購入先の過去の購入状況をもとに交渉する。	予定	購入先のリストアップ。	5先コストダウン交渉する。	5先コストダウン交渉する。	新規開拓リストアップ。	
		実績	リストアップを完了。	5先交渉。10%ダウン。	5先交渉。10%ダウン。	新規開拓リストアップ完了。	
3	外注先について、従来の外注費10%コストダウンを図る。外注費の原価を積算して工事に応じたコスト交渉をする。	予定	外注先のリストアップ。	3先コストダウン交渉する。	3先コストダウン交渉する。	新規開拓リストアップ。	
		実績	リストアップを完了。	5先交渉。10%ダウン。	5先交渉。10%ダウン。	新規開拓リストアップ完了。	
4	住宅工事完成時に現場見学を行い1回の見学で20人以上の来場を確保、1件の成約に持ち込む。近隣に2000枚のチラシを配布、セールス強化する。	予定	現場見学会の予定。		現場見学会の予定。		
		実績	現場見学会25人来場	前回の来場者より、1件成約。	現場見学会20人来場。	前回の来場者より、1件成約。	

（追加・変更目標）……中間面接時に記入

5		予定					
		実績					

重点目標以外の職務遂行（期間終了後に本人が記入）

	業績内容	自己評価	
1	工場期限を厳守、不適合の発生を防止し、外注先や資材の手配を予定どおりに遂行。	工場において、不適合が一部発生。今後のこれらの予防を講じていくことにした。工事は、期限内に完了。予定どおりの利益を出した。	
2	受注した工事について、VEを必ず行い該当工事の5%以上のコストダウンを行った。	工事について、VE会議を通じて、実施。工事全体の利益を2%上乗せできた。これからもVE会議を継続していく。	

年齢	現担当職務	現職務担当期間	1次考課者	2次考課者
34 歳	工事施工	12 年○か月	○○	○○

			(本人記入)		自己査定	難易度	考課	
	8月	9月	達成度	自己評価と反省			1次	2次
→			1工事あたりの粗利益は、全体で25%獲得した。	1工事あたりの粗利益は全体で目標どおりの確保ができたが、工事によって、25%を下回るものもあったので見直していく。	A	3	A	A
	予定どおり進捗。	1工事終了。28%確保。						
	5先コストダウン交渉する。	5先コストダウン交渉する。	購入価格の平均10%コストダウン。新規先3件開拓。	既存購入先の平均購入価格を、10%削減できた。新規購入先も3件開拓できたのでコスト交渉を進めていく。	A	3	A	A
	5先交渉。10%ダウン。	リストアップ先3先取引						
	3先コストダウン交渉する。	3先コストダウン交渉する。	外注費の平均10%コストダウン。新規先は開拓できなかった。	既存外注先の平均外注価格を、10%削減できた。新規購入先の開拓はできなかったため、範囲を広げて開拓していく。	A	3	A	A
	5先交渉。10%ダウン。	5先交渉。10%ダウン。						
	現場見学会の予定。		来場者20人以上。予定どおり、見学会ごとに1件の成約に成功。	各見学会において、1件ずつ成約を取れた。今後はチラシ内容も見直しつつ、成約数を増やしたい。	S	4	S	S
	現場見学会30人来場。	前回の来場者より、1件成約。						

					自己査定	難易度	考課	
							1次	2次
					A	2	B	B
					A	2	B	B

＊自己査定欄、難易度欄は以下の基準により記入すること。

□自己査定
S……大きく目標を上回る
A……やや目標を上回る
B……目標どおり
C……やや目標に劣る
D……大きく目標に劣る

□難易度
4……大変困難
3……やや困難
2……相応
1……やや容易

社員教育

◉ 社員教育とは

社員教育は、企業にとって重要な課題です。社員教育をしていくことで社員のスキルをアップさせ、上級の仕事をしたり、他の仕事をしたり、他部門の仕事も可能となります。

社員教育には、**スキルマップ**を使った方法があり、次のようなメリットがあります。

❶社員のスキルの**現状が把握**できます。

❷スキルマップにより、**めざすステップ**がわかります。

❸全体のスキルアップをめざすことで**マルチスキル化**が推進できます。

❹マルチスキル化により、個人でマルチな仕事ができるようになり**仕事の効率化**が進みます。

スキルマップの作成

スキルマップは、各部門で必要なスキル（知識、技能）を選択し、現在の個人別の能力を図表にしたものです。体系的に部門に必要な能力を知ることができ、能力開発に役立ちます。

スキルマップは、次の手順で作成します。

❶各部門において、**どのようなスキルが必要なのか**を書き出します。

❷仕事単位を分類し、**要素単位**にまとめます。

❸必要に応じ要素をさらに**作業単位**までまとめます。

❹選択した要素単位ごとに仕事の**難易度**を設定します。

　　具体的な例としては、次のようにします。

　　　　A…難しい　　B…普通　　C…容易

❺選択した要素ごとに現在のスキルの評価をします。

　　具体的な例としては、次のようになります。

　　●…指導できる　　◎…ひとりでできる　　○…少しできる

　　△…ほとんどできない　　無印…できない

要素	基本ソフト	DTP基礎	プレス基礎	製版基礎	製造の基礎	設備管理	データ管理	進行管理	見積り	5S運動	パソコン処理	報・連・相	積極性	規律性	責任性
難易度 氏名	A	A	A	A	B	A	A	A	A	B	B	C	C	C	A
山田一郎	○	●	△	△	△	△	◎	○	△	△	◎	○	○	○	○

▲スキルマップ表（印刷会社の例）。

かかるべき費用とかかってしまった
費用を徹底比較

実行予算管理

◉ 実行予算管理とは

　建設業などでは、受注工事ごとに自社の費用と外注先等の費用をもとに予算を組み、工事の出来高に従って支払計上しています。実行予算管理のポイントは、**なりゆき的な支払いを防止するため**、**実行予算管理一覧表**を作成し、支払管理することです。

　実行予算管理一覧表は、**予算に対し、月々の支払いと残りの支払予定額をつねにチェックしていく**システムです。この一覧表をもとに毎月、当初予算に対し、進捗率に応じて支払った額と今後発生する支払残高が最終的にオーバーするのかを検討し、オーバーする場合には、ただちに対策を講じることができます。

◉ 工事の精算

　工事が完了した場合に、**工事精算書**を作成します。この精算書は工事の実際の支払明細を記載します。**この精算書と実行予算書を比較して実行予算どおりかを検証します**。工事の実際の支払いが実行予算を上回った場合は、原因を追求し今後の工事の対策を講じます。

◉ 実行予算管理を行っていない会社

　工事の出来高に従って支払いをしています。しかしその弊害として、ただ漫然と出来高で工事外注先に支払っているため、工期延長や想定外の難工事の発生で、支払いが増加し、最終的に赤字になる場合が多々あります。その結果として、**工事の赤字が決算の赤字につながるのです。**

工事名	担当	工期	請負額	予算							工事進行率	支払済の累計				
				材料費	労務費	外注費	経費	合計	利益額	利益率（%）		材料費	労務費	外注費	経費	合計
○	○	○	1,000	500	300	100	50	950	50	5	50	250	150	50	25	475

（単位：百万円）

支払予算の累計					総支払	利益額	利益率（%）
材料費	労務費	外注費	経費	合計	合計		
250	150	50	25	475	950	50	5

▲実行予算管理一覧表の例。

実行予算管理のポイント

◎ 建設業での適用例

実行予算は、次のようにして管理をより徹底していきます。

❶工事着工前に、必ず実行予算書を作成する

急ぎの工事で、実行予算書を作成しないで進めてしまうことがあります。しかし、実行予算を工事着工後に作成したり、省略したりしている工事は、必ずといっていいほど赤字になっています。

❷工事着工前会議を徹底する

実行予算書を作成したあと、経営者を含めた経営会議で、工事の採算と運営上の問題点を検討します。

❸目標利益を下回る工事を減らす

経営会議で、ＶＥ（Value　Engineering：価値工学）などを検討して、さらなるコストダウンをめざします。

❹実行予算管理一覧表による中間チェック

　195ページのような実行予算管理一覧表により、毎月、工事の採算状況を検証していきます。

❺支払いの審査

　実行予算どおりの支払いかどうかを支払い時に検証します。

◉ 実行予算管理一覧表の作成

　なりゆき的な支出管理を防止するために予算管理一覧表を作成し、管理していきます。具体的には、経営会議でこの実行予算管理一覧表をもとに毎月、当初予算に対し、進捗率に応じて支払った額と今後発生する支払残高が最終的にオーバーするかどうかを検討します。

ワンポイント
　工事の採算を進捗ごとに管理すると利益志向になっていく。

具体的行動
　工事ごとに、実行予算管理を行っていこう。

資金繰り管理

◉ 資金繰り表で把握

　会社の資金管理がなりゆき的になっていると、突然資金が足りなくなって取引の金融機関に駆け込むことになります。こうした**突然の資金ショート**をなくすためには、**資金繰り表**を作成し、資金調達がいつ必要なのかを把握することが大切です。

　また、資金繰り表により、**収支バランスが適切**かを検討し、問題があれば内容を見直すことができます。

　取引金融機関との融資取引をスムーズにやりとりするためにも、資金繰り表による管理は大切です。

（単位：百万円）

科　目		4月実績	5月予定	6月予定	7月予定	8月予定
前月繰越高（A）		1,000	2,880	4,760	6,640	8,520
収入	売上現金回収	2,000	2,000	2,000	2,000	2,000
	受取手形取立金	100	100	100	100	100
	前受金	100	100	100	100	100
	雑収入	10	10	10	10	10
	その他	0	0	0	0	0
	計（B）	2,210	2,210	2,210	2,210	2,210
支出	仕入現金支出	100	100	100	100	100
	支払手形決済	10	10	10	10	10
	外注加工費	10	10	10	10	10
	人件費	100	100	100	100	100
	支払利息・割引料	10	10	10	10	10
	設備資金支払	0	0	0	0	0
	決算関係資金	0	0	0	0	0
	計（C）	230	230	230	230	230
差引過不足（B－C＝D）		1,980	1,980	1,980	1,980	1,980
財政収支	調達　手形割引	0	0	0	0	0
	調達　長期借入金	0	0	0	0	0
	調達　短期借入金	0	0	0	0	0
	返済　長期借入金	100	100	100	100	100
	返済　短気借入金	0	0	0	0	0
	差引調達額（E）	△100	△100	△100	△100	△100
翌月繰越金（A＋D＋E）		2,880	4,760	6,640	8,520	10,400

▲資金繰り表の例。

決算書分析①

◉ ３表の注意点

決算書分析は、決算書をもとに、会社の業績、財政状態、資金繰りを分析することです。

決算書分析の結果、業績、財政状態、資金繰りがよければ問題はありませんが、何らかの問題があれば、改善するために必要な手を打っていきます。

代表的な決算書には、次の３つの表があります。

❶損益計算書 ⇨ 会社の経営成績を表す。

❷貸借対照表 ⇨ 会社の財務状態を表す。

❸キャッシュフロー計算書 ⇨ 会社の資金繰り状態を表す。

◉ 損益計算書で注意する点

１．利益項目は適切か

❶売上利益、営業利益、経常利益、税引前当期純利益、当期純利益という**５つの利益項目**はプラスになっているか。

❷５つの利益項目は、**時系列で大きな変動**はしていないか。

❸５つの利益項目は、それぞれ売上高に対して**業界平均以**

上の比率になっているか。

２．勘定科目は適切か

❶勘定科目は、**時系列で大きな変動**はしていないか。

❷各勘定科目に**突出した値は**ないか。

❸材料、仕掛品、製品の棚卸高について、**時系列で大きな変動**が生じていないか。

ワンポイント

決算分析ができると自らの会社の状態がわかるようになる。

具体的行動

会社の実力度は、次の視点で分析していく。

❶収益性の分析 ⇨ 会社がどの程度儲かっているか。

❷安全性の分析 ⇨ 会社の財政状態に問題はないか。

❸成長性の分析 ⇨ 会社が今後成長していけるかどうか。

決算書分析②

◉ 貸借対照表で注意する点

❶ 売掛金は適切か

売上の増加にともない、売掛金が大きくなっていることがあります。売掛金はきちんと回収できるのかを見る必要があります。売上が増えても現金を回収できなければ、大きな損失になってしまうからです。そのため、「**与信限度**」や「**売掛金回収のシステム**」を構築していく必要があります。

❷ 在庫は適切か

製品、仕掛品、材料などの在庫が過大になっていることがあります。これは、必要以上に生産をしていたり、必要以上に仕入れをしていたりするためです。在庫があることは、それだけ資金負担になります。さらに保管スペースを取り、不良在庫となることもあります。自社の「**適正在庫**」を決めて、余分な在庫を持たないようにすることが大切です。

❸ 買掛金は適切か

支払いが増加したり、支払いサイトが長くなったりして買掛

金が大きくなっていることがあります。資金繰りが苦しくなるほどに買掛金が大きくなっていないかを見る必要があります。

❹借入金は適正か

借入金の基本は収益弁済できる金額であることです。**このため、「当期純利益＋減価償却費」で元金返済額が返済できることが大切です。**借入金は、将来会社の予想利益の前借りとも考えられます。利益が予想どおりにいかないことも想定して借りる必要があります。

◉ キャッシュフロー計算書で注意する点

キャッシュフロー計算書で黒字倒産を防止します。

「勘定合って銭足らず」ということで、売上代金がきちんと入ってこなくて、期日に仕入代金や経費が払えなくなり、資金繰りがつかなくなると倒産に至ります。

利益だけ見ているとこうしたことがわかりません。

キャッシュフロー決算書で資金状況をきちんと管理します。

ワンポイント
決算書は、自社の1年間の成果。社長自らが自社のことを決算書で語ることが重要で、専門家だからといって他人任せにしてはいけない。

具体的行動
「勘」と「経験」で経営をしてはいけない。会社の通信簿たる決算書を理解し、そこから問題点を認識、改善しなくてはならない。

経営計画の進捗管理と
定着・浸透

経営計画の進み具合を
チェック

◉ 進捗管理

　経営計画を作成することにより、めざす経営のゴールが明らかになり、そこに向かうことができるようになります。しかし、いざ実行に移ってみると、遅れが出てきたり、障害が発生してストップしてしまうこともあります。こうした事態に陥らないようにするために、**経営計画の進捗管理**を行いましょう。経営者を中心とした**進捗会議**を、事前に日程を決めて月に1回程度開き、経営計画が予定どおり進んでいるかを、常時検証していくのです。

❶ 問題解決

　行動計画どおりにことが進まなかったり、問題が発生したりした場合に、進捗会議の場で**その原因を追究し、解決策を検討**していきます。また、外部要因などにより行動計画のとりやめを検討しなければならなくなった場合も、この場で**判断**していきます。

❷ 計画と実績との差異の検証

　利益計画どおりに実績が推移しているかをチェックします。

実績が計画を下回っている場合は、差額対策を検討し、改善策を考えます。また行動計画は、毎月計画したことを実行し、検証し、改善するという**ＰＤＣＡのサイクル**を回しますが、進捗会議ではこのＰＤＣＡのサイクルがきちんと回っているかも見ます。具体的には、計画したことに対して何を実行したか、計画したことと実行したこととの間に差があるかどうかを検証します。計画どおりに実行できなかった場合は、改善策を検討して、翌月以降に実行するようにします。

❸経営計画の修正

外部環境や内部環境が著しく変化して、経営計画が現状に合わない場合があります。**現状に合わないまま経営計画を進めても経営目標の達成はできません**ので、進捗会議で経営計画の修正を検討していきます。

❹コミュニケーション

経営計画は、各部門が協力して推進していくものです。進捗会議を通じて、部門間のコミュニケーションを図り、協力体制を構築していきます。そして、全体施策や部門施策に問題が発生した場合は、進捗会議で意見を交換して、改善策を実施していきます。

ワンポイント

経営計画の進捗管理で問題を見つけられるようになる。

具体的行動

経営計画について、毎月進捗管理を行い、計画と実績の差異を検証していこう。

進捗会議のチェックポイント

◉ 進捗会議のチェック項目

❶ 環境に問題はないか

外部環境や内部環境が大きく変化し、経営計画を作成したときの状況と異なっているのに、当初の経営計画を続けていることがあります。問題があったときは、**外部環境や内部環境を分析し直し**、経営計画を修正しましょう。

❷ 目標利益計画に問題はないか

「〜が」1か月以上遅れて記載していないかを確認します。

❸ 行動計画の内容に問題はないか

行動計画が実施されず延期となっていないか、あるいは行動計画の責任者が、すべて部門長の名前になっていたり、**実際の責任者と異なっていないか**などを確認します。

❹ 次年度の経営計画に問題はないか

年度終了時、その年度の結果を考慮せず、以前作成した経営計画を**そのまま次年度に適用**しようとしていないかを確認し

ます。

❺成果と反省に問題はないか

目標利益計画、月別行動計画、年度の総括において、成果と反省の記載欄があるか、明確に記されているか、**単なる結果報告となっていないか**を確認します。

❻経営者に問題はないか

経営者は、経営計画を作成するときだけ参加して、進捗管理は部門長に**任せっきりになっていないか**を確認します。

❼部門長に問題はないか

部門長は、自部門の主要施策をしっかり実施しているか、部門長の**独断で別の施策を実施していないか**を確認します。

❽進捗会議の進め方に問題はないか

進捗会議が、単なる発表の場になっていたり、行動計画の実施の結果に問題があっても誰も指摘しない、ということはないか。進捗会議は、経営計画の達成度を検証する場です。全員がそのことを認識して、計画どおりの実績が上がっていない場合は、この会議で改善策を作成しましょう。

ワンポイント
進捗会議は、問題点を知る機会になる。

具体的行動
進捗会議で出た問題点を見直し、改善していこう。

進捗会議メンバーの心得

◉ 欠席者の出ない会議

経営計画の進捗会議は通常、**経営者と役員と部門責任者が中心**になって行いますが、中小企業ではしばしば、会議のメンバーであるはずの人が会議に出席しないことがあります。そもそも、月に1回程度で、しかも事前に日程を決めている進捗会議に出席しないようなメンバーは、「経営計画によって会社を発展させていこう」という意識が乏しいといわざるを得ません。こんな状態を放置していては、経営計画が停滞してしまいます。

進捗会議のポイントは、**欠席者の出ない会議**にすることです。そのためにはまず、人選をしっかり行う必要があります。

メンバーは基本的に、経営者、役員全員、部門長、ほか必要に応じて施策の責任者としますが、人選の条件は、次のとおりです。

❶各部門の責任者に相当する立場である。
❷会議で前向きに発言する。
❸万が一、本人が出席できない場合は、代行者を立てられる。

　ちなみに、経営内容のよい会社では、決められた会議に出席するべき人がきちんと全員出席しています。「みんなが会議に出席するから会社の業況がよくなる」というわけではありません。会議1つでも、しっかり約束ごとを守れる会社は、規律もしっかりしており、その姿勢が仕事にも表れるものです。

　さて、進捗会議を成果につなげるための、出席者1人ひとりの心構えを、次に挙げましょう。

❶「やらされ感」をもたない。
❷つねに問題意識をもって会議に参加する。
❸自分がどうしても欠席しなければならないときのため、会議の内容を理解し、部署の代表として進捗状況を発表することもできる代行者を、事前に養成する。
❹会議では、自分が会社の幹部であることの自覚にもとづいた言動を取る。

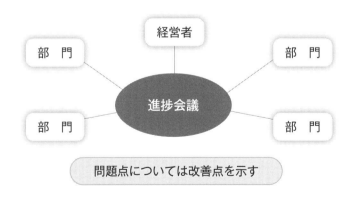

▲進捗会議は進捗管理だけが目的ではない。

経営計画の総括

◉ 年度の総括

　年度終了後の総括は、次年度の計画にとって大切なものです。成果の確認と反省を行い、次年度はどのように対応していくかを検討してください。

　まず目標利益計画について、売上、売上原価、売上総利益、一般管理費等、営業利益の**計画を実績と比較**して、どういう点がよかったかを成果として記載します。また、次年度はどういう点を見直していったらよいかを反省して記載します。

　次に行動計画について、**具体的行動内容が予定どおり完了**したかどうかを記入します。もし完了していなければ、今後どのようにするのかを記載します。

　最後に年度の総括として、経営計画全体について、その成果と反省を記載します。具体的には、経営目標に対してどの程度まで達成したのか、目標利益計画はどうであったのか、年間の主要施策は達成できたのかを記載します。そして、その年度に達成できなかったものがあった場合は、その原因を調査し、反省し、**次年度どのように対処するか**を考えます。

令和〇年〇月〇日

経営計画　〇年度総括報告書

経営目標	売上高 10 億円、売上高経常利益率 5 ％
経営方針	多能工化の推進、設備の更新、設備資金の調達

項　　目	計　　画	実　　績	差　　額
売上高	800,000	750,000	50,000
売上原価	640,000	600,000	40,000
売上総利益	160,000	150,000	10,000
一般管理費等	80,000	75,000	5,000
営業利益	80,000	75,000	5,000
営業外損益 （支払利息等）	40,000	37,500	2,500
経営利益	40,000	37,500	2,500

全体の評価	業界全体の受注の落ち込みがあり、売上高は目標8億円に対し、7億5千万円になった。一方、売上高経常利益率は、予定どおり確保できた。
営業部門の 施策の評価	昨年度より体制を一新し、積極的に新規顧客開拓を進めるとともに内製化できる製品の販売に努めた。
製造部門の 施策の評価	仕入れのコストダウンを進めるとともに、生産性向上のため工程の短縮を進め、生産コストを削減していった。
総務部門の 施策の評価	主要経費にターゲットを設定し経費削減を進めた。また、人材教育の年間計画を策定し、OJT、OFFJTを実施した。

▲経営計画の総括報告書の例。

計画と実績のブレ

◉ 実績が目標利益計画を上回ったとき

　実績と計画がブレていた場合、外部環境が変化していないか、または自社の内部環境が変化していないかを検討してください。

　まずは実績が計画を上回る場合を見てみます。

　売上高が目標利益計画を上回ったときは、主要施策、行動計画、行動計画管理表、主要施策以外に各部門で実施した内容のうち、**どこがよかったのかを検討**します。そして、**目標がもともと低かったとわかった場合**は、次年度の目標を上方修正します。

　一方、**特殊な原因**が発生していた場合は、現状のままの目標とします。

　営業利益が目標利益計画を上回ったときは、売上高、売上原価、一般管理費等のうち、どこがよかったのかを検討します。

　次に、主要施策、行動計画、行動計画管理表、主要施策以外に各部門で実施した内容のうち、どこがよかったのかを検討します。そして、次年度の目標を上方修正します。

◉ 実績が目標利益計画を下回ったとき

　売上高が目標利益計画を下回ったときは、主要施策、行動計画、行動計画管理表、主要施策以外に各部門で実施した内容に、問題がないか検討し、**改善策を実施**します。

　営業利益が目標利益計画を下回ったときは、売上高、売上原価、一般管理費等のうち、どこに問題があるのかを検討します。

　次に、主要施策、行動計画、行動計画管理表、主要施策以外に各部門で実施した内容に問題がないか検討し、改善策を実施します。

ワンポイント
　計画と実績のブレは、問題を発見するチャンスとなる。

具体的行動
　計画と実績でブレが発生したら、原因をつかみ是正処置を行おう。

２年度目の経営計画

◉ 改めて見直してみる

　２年度目は、前年度の方針をある程度受け継ぎながら、問題があった部分の**見直しをしていく**とともに、**２年度目独自の施策を実施**します。

　経営計画の中で、前年度から**継続するのは、意義、経営理念、経営ビジョン**です。経営目標は、前年度の経営計画の実施の結果によっては見直すことも考えるべきですが、特に修正する必要がない場合は、そのまま継続します。

　新年度に**作り直す必要がある項目としては、まず外部環境と内部環境**が挙げられます。外部環境の「機会」と「脅威」、内部環境の「強み」と「弱み」が変化していないか、見直してください。

　経営方針も作成し直しましょう。前年度の経営計画の結果をもとに、自社の「人」「物」「金」「情報」を見直し、あらためて経営方針を考えます。

　目標利益計画については、原則として最初に計画していた数値のままとします。ただし、前年度の実績が計画を下回った場合は、**残りの年度でどう補っていくか**を検討し、目標利益計画の見直しをします。また、前年度の実績が計画を上回った場合は、計

画を**上方修正**します。月別目標利益計画は、年度の目標利益計画をもとに作成します。

　主要施策も、原則的には最初に計画していたものを記載しますが、前年度の利益実績が計画を下回った場合は、**見直しが必要**です。一方、前年度の目標利益計画の結果が計画を上回った場合は、当初設定した主要施策を踏襲します。

　行動計画については、主要施策を達成するための具体的行動内容を新たに作成し、月別の計画線表へと落とし込みます。前年度の行動実績が計画を下回った場合は、どういう点に問題があったのか反省し、**行動内容を見直しましょう**。前年度の行動実績が計画を上回った場合は、主要施策に対応した新たな行動内容を設定し、推進していきます。

　また、具体的行動内容をもとに、月別に実施すべき内容を計画し、新たに行動計画管理表を作成します。もちろんその際には、**前年度の行動実績をしっかり検証**しましょう。

ワンポイント
　前年度の内容を分析することで、次の年の取り組みが見えてくる。

具体的行動
　前年度を見て、次の年度の計画の修正を図っていこう。

最終年度（3年度目）の
経営計画

◉ 作成ポイント

　２年度目が終わって最終年度に入るときのことを見てみましょう。特に、実績が目標を下回っている場合には、最終年度で補っていかなければいけません。

　経営計画の中で、２年度目から３年度目に継続するのは、意義、経営理念、経営ビジョン、経営目標です。これらは基本的なことなので、最終年度での変更はしません。

　最終年度に新たに作成するのは、まずはやはり外部環境と内部環境です。２年目と同様、外部環境の「機会」「脅威」と内部環境の「強み」「弱み」が変化していないか見直して、あらためて作成します。経営方針も、自社の「人」「物」「金」「情報」が現在どうなっているかをふり返り、作成し直します。

　年度目標利益計画は原則として、最初に計画していたままの数値としますが、過去２か年の実績が計画を下回っている場合は、最終年度でどう補っていくかを検討し、目標の見直しをします。ただし、最終年度ですから、どうしても補いきれない計数である場合もあります。

　そのときは、**達成可能な計数**にしましょう。逆に、前年度の実

績が計画を大きく上回っている場合は、**計画を上方修正**します。そしてこの年度目標利益計画をもとに、月別目標利益計画を作成します。

　主要施策も、原則として最初に計画していた施策を記載しますが、過去２か年の利益実績が計画を下回っている場合は、施策の見直しをします。また、前年度の目標利益計画の結果が計画を上回った場合は、当初設定した主要施策を踏襲します。

　行動計画としては、主要施策を達成するための具体的行動内容と、月別の計画線表を作成します。２年度目と同様、前年度の行動実績が計画を下回っていた場合は反省と見直しを行い、上回っていた場合は新たな行動内容を設定します。

　行動計画管理表も作成します。このときも、前年度の行動実績をよく検証し、その反省を活かしましょう。

3年度目の経営計画

前年度から継続

- ◉ 意義
- ◉ 経営理念
- ◉ 経営ビジョン
- ◉ 経営目標

見直し・新規作成

- ◉ 外部環境・内部環境
- ◉ 経営方針
- ◉ 年度目標利益計画
- ◉ 月別目標利益計画
- ◉ 主要施策
- ◉ 具体的行動内容
- ◉ 行動計画管理表

▲3年度目のラインナップは、2年度目のときと基本的には同じ。その時点での状況をよく見定めて、最終年度のスタートを切ろう。

計画の見える化

◉ 全社員で共有

　経営計画が作られ、実行段階に入ると、その実行状況は、すべての社員に見えるものではなくなります。　自分の担当業務以外のところで経営計画がどのように進行しているのかわからなくなり、認識が薄れる社員も出てきてしまいます。

　そこで**意識的に、経営計画の「見える化」**を行いましょう。

❶ホームページに掲載

　自社のホームページに、経営計画の主要な内容を掲載します。また、毎月進捗状況を掲載し、ホームページからいつでも自社の経営の内容を見ることができるようにします。　自社の経営計画を**ホームページで発信**することにより、取引先やそれ以外の会社の人にも、経営方針を知ってもらうことができ、取引先の拡大にもつながります。

❷社報に掲載

　中小企業で社報を発行している会社は多くはありませんが、社報には、社内の情報共有、会社の方針の伝達、**社員のきず**

な作りといった効果があります。

❸社内に掲示

経営計画の主要な部分を、会議室や事務所に掲示します。つねに目にすることで、社員は経営計画を意識することになります。

❹ダイジェスト版の配布

経営計画のダイジェスト版を作成し、紙ベースで社員全員に配布します。これを常時携帯するようにしてもらえれば、社員は経営計画の存在を意識するようになります。

❺行動計画のPDCAを掲示

ＰＤＣＡ方式の行動計画管理表を、部署ごとに掲示します。その時々の進捗状況を反映して、毎月更新します。

❻全員のコミットメントを掲示

社員全員に、行動計画に対応した個人の目標を書き出してもらい、所属部署に掲示します。自分の目標が掲示されると、つねにそれを意識するようになり、経営計画の中で目標を達成しようという意欲が湧いてきます。

ワンポイント
経営計画の内容や進捗を社員で共有し、目標達成気運を上げる。

具体的行動
経営計画の内容や進捗を社員全員で共有できるようにしていこう。

社員面接で経営計画を浸透させる

◉ 経営者の思いを直接社員に伝える

　経営計画を作成し、それを実際に推進していく中で、なかなか成果が出ずに停滞してしまうケースがあります。そのような事態に陥っているときは、**経営計画にかける経営者の思いが、社員に十分に伝わっていないことが多い**ようです。

　もちろん、経営計画ができた段階に、経営計画発表会の場で全社員に周知しますが、発表会というのは、どうしても一方的なものになりがちです。経営計画にたずさわる幹部社員は、経営ビジョンや経営目標の中味を理解していますが、それ以外の社員は、それぞれの上長から伝えてもらうことになります。こうなると伝言ゲームのようなもので、経営者の真意が全社員に問題なく伝わるとは限りません。

　そこで経営者の方には、**社員面接**をお勧めします。社員面接を行い、経営ビジョンや経営目標などを経営者からダイレクトに説明することで、社員にその内容をしっかり理解してもらえます。そうすることで、経営計画をしっかり浸透させ、成果に結びつけていくことができるでしょう。 また、経営計画で掲げたことがどこまで進んでいるのか、社員全員について検証することができ

ます。社員一人ひとりがどんな状態か、健康面や家庭面も把握できます。社員が何か問題を抱えていた場合、支援することも可能です。経営者と社員は、ふだんなかなか直接話す機会がありません。こうした場で直接話をすれば、コミュニケーションを深めることができて、**お互いへの理解と信頼が深まります。**

　社員面接は原則として年２回、一人１時間程度実施します。社員のスケジュールを調整し、１か月の間に集中して全員面接するのがよいでしょう。　面接は原則として社長が実施しますが、組織が大きい場合には、社長以外の役員も社長に代わって社員面接を実施します。賞与支給がある企業の場合は、支給前に社員面接を組み込むことで、人事考課としても利用することができます。社員は、ふだんはあまり経営者と話すことがないため、面接のときは緊張しているでしょう。まずは、日ごろの仕事に対してねぎらいの言葉をかけます。

　次に、何のために面接するのかを言います。面接の目的は、おもに次の３つです。

❶経営計画の内容を理解しているかの確認
❷経営計画の進捗度合いの確認
❸社員とのコミュニケーション

ワンポイント
　経営者の考えを面接を通じて社員にきちんと伝えること。

具体的行動
　ポイントは❶押しつけない❷話を聞く❸雰囲気作り❹否定しない、の４点です。

経営計画を定着させるために

◉ 知恵をしぼって定着化

経営計画は**仕事の一環として継続して実施**していくものですので、規定として制定することが望ましいでしょう。**規定化**すれば、経営計画が制度として定着し、つねに一定の手順に従って進めることができます。

ほかにも、経営計画を会社に定着させる方法はあります。たとえば、経営計画の**定期監査を実施**するのです。また、賞与査定の人事考課表に、経営計画の成果の項目を入れるのも手です。目標管理制度を導入している場合には、目標の1つに経営計画にもとづくものを入れることもできます。 経営計画の実施は、長い期間におよぶプロジェクトです。最初は全員が高い意識をもっていたとしても、それを**キープするのはなかなか難しい**ことです。

だからこそ、経営計画をみんなの意識の中に定着させるため、アイデアを探す必要がありますが、いろいろ知恵をしぼるのも、楽しいことだと思われませんか？ 素晴らしいアイデアが湧いたとき、それは経営計画の定着に役立つだけでなく、思いもかけなかったメリットを、あなたの会社にもたらすかもしれません。

NO.	点検項目	採点 よい 4	やや よい 3	普通 2	やや 悪い 1	悪い 0	問題点
	定期監査チェックリスト	部門名：　監査者：　監査日：					
1	経営計画の目標は何か						
2	経営理念は何か						
3	経営ビジョンは何か						
4	外部環境には何があるか						
5	外部環境で脅威は何か						
6	外部環境でチャンスは何か						
7	内部環境には何があるか						
8	内部環境で強みは何か						
9	内部環境で弱みは何か						
10	経営目標は何か						
11	経営方針は何か						
12	目標利益計画はどのような計数か						
13	月別目標利益計画はどのような計数か						
14	全社の主要施策には何があるのか						
15	全社の行動計画には何があるのか						
16	部門の主要政策には何があるのか						
17	部門の行動計画には何があるのか						
18	部門の行動計画どおりに進んでいるか						
19	部門の行動計画の重要業績評価指数は何か						
20	部門の行動計画の重要業績評価指数の目標指標は何か						
21	重要業績評価指数の目標どおりに進んでいるか						
22	部門の行動計画の改善策は作成しているか						
23	部門の行動計画は個人目標にどう反映しているか						
24	個人は経営計画のダイジェスト版を所持しているか						
25	部門長から進捗会議の状況をどう聞いているか						

		合計点	点数
是正の指摘	是正処置	是正実施日	

▲経営計画の定期監査チェックリストの例。

おわりに
——Ａ４用紙一枚からの経営計画

『経営計画１００の法則』はいかがでしたでしょうか。

本書の内容は、実際のコンサルティングの中で実践してきたことを集約したものです。

今回は、小規模な会社でも、本当に手間をかけずにできるＡ４用紙一枚の経営計画をご紹介しました。

本当にＡ４用紙一枚でいいのかと思われた方もいたかもしれませんが、経営計画において重要な項目は載せてあります。

小規模企業では、経営計画書を作るといっても、専任のスタッフもいません。一方、金融機関と取引していると、会社の将来の方向性がわかる経営計画の作成をしばしば求められます。

こうしたときに、Ａ４用紙一枚の経営計画を利用していただきたいと思います。もちろん、会社によって、さらに必要な項目があれば、別途追加していただいてかまいません。

一方、経営計画は、作るだけでは「絵に描いた餅」になってしまいます。作成したものを実行することが最も重要なことです。ぜひ、経営計画の中の行動計画を実行してください。「行動計画の成否は、経営計画の成否」になります。

今まで経営計画を作成していなかった会社の方や、従来から作成していたものの、なかなかうまくいかなかった会社の方も、ぜひ

本書の方法を参考にしていただきたいと思います。

　本書で紹介しました経営計画が少しでもお役に立てれば幸甚です。

　最後に本書の出版にあたり、株式会社日本能率協会マネジメントセンターの岡田茂様並びに執筆で大変お世話になりましたユニバーサル・パブリシング株式会社の長澤久様、吉毛利綾乃様に感謝いたします。また、この本を執筆にあたりまして大変多くの人のお世話になりました。心より感謝いたします。

　　　　　　　　　　　　　　　　　　　　　　　　　宮内健次

■ 参考文献

松井忠三 著 『無印良品は、仕組みが9割　仕事はシンプルにやりなさい』
（KADOKAWA）
堀越吉太郎 著 『ガーバー流　社長がいなくても回る「仕組み」経営』
（KADOKAWA）
児島保彦 著 『儲かる会社は人が1割仕組みが9割―今いる社員で利益を2
倍にする驚きの方法』（ダイヤモンド社）
宮内健次 著 『黒字を実現する20の「仕組み」の進め方』（中央経済社）
宮内健次 著 『A4一枚で成果を出す！　まんがでわかる　経営計画の作り
方、進め方』（ウェッジ）
宮内健次 著 『1から学ぶ企業の見方』（近代セールス社）
宮内健次 著 『A4一枚から作成できる・PDCAで達成できる経営計画の作
り方・進め方』（日本実業出版社）
宮内健次 編著 『5Sで決算書がグングン良くなるんです』（日刊工業新聞社）
「経営者のための事業承継マニュアル」（中小企業庁）

読者特典

ダウンロードサービスについて
本書の特典として、「A4一枚の経営計画書フォーマット」
を下記サイトよりダウンロードいただけます。

■ダウンロードサイト URL■
https://www.jmam.co.jp/pub/2826.html

・A4用紙1枚の経営計画フォーマット　経営改善計画書
（Microsoft Excel 97-2003 ワークシート）

・中堅企業向けの経営計画フォーマット(予算管理表除く)
(Microsoft Word 97-2003 文書)

・中堅企業向けの経営計画の予算管理表（表8）
（Microsoft Excel 97-2003 ワークシート)

経営計画ダウンロードフォーマット集

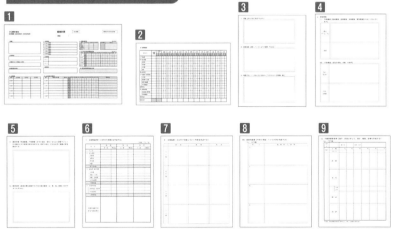

1：A4一枚経営計画　**2**：予算管理表　**3**：意義・経営理念・経営ビジョン　**4**：経営環境　**5**：経営目標・経営
方針　**6**：目標利益計画　**7**：主要施策　**8**：具体的施策　**9**：行動計画管理表

宮内健次（みやうち　けんじ）

中小企業診断士、社会保険労務士。

株式会社千葉銀行に入社し、支店、本部勤務後、株式会社ちばぎん総合研究所にてコンサルティング部門を25年間経験し部長職などを歴任。その後、公益財団法人千葉県産業振興センターに入社し、経営相談に2020年まで携わる。

コンサルティングでは、経営計画の作成・推進支援、経営改善支援、５Ｓ導入支援、人事制度構築支援、社員教育などを行う。

その他、各地商工会議所などでの講演、ＴＶ出演、新聞・経営専門誌への寄稿など多数。

おもな著書は、『黒字を実現する20の「仕組み」の進め方』（中央経済社）、『Ａ４一枚で成果を出す！まんがでわかる　経営計画の作り方、進め方』（ウェッジ）、『Ａ４一枚から作成できる・ＰＤＣＡで達成できる経営計画の作り方・進め方』（日本実業出版社）など。

編集協力／ユニバーサル・パブリシング株式会社

Ａ４一枚で作る　ＰＤＣＡを回せる
経営計画 100 の法則

2020 年 6 月 20 日　初版第 1 刷発行

著　者——宮内健次　　Ⓒ 2020 Kenji Miyauchi
発行者——張　士洛
発行所——日本能率協会マネジメントセンター
〒 103-6009 東京都中央区日本橋 2-7-1　東京日本橋タワー

TEL 03(6362)4339(編集)／03(6362)4558(販売)
FAX 03(3272)8128(編集)／03(3272)8127(販売)
http://www.jmam.co.jp/

装　丁———冨澤　崇（EBranch）
本文 DTP—ユニバーサル・パブリシング株式会社
印刷所———シナノ書籍印刷株式会社
製本所———ナショナル製本協同組合

本書の内容の一部または全部を無断で複写複製（コピー）することは、法律で認められた場合を除き、著作者および出版者の権利の侵害となりますので、あらかじめ小社あて許諾を求めてください。

ISBN 978-4-8207-2826-9 C2034
落丁・乱丁はおとりかえします。
PRINTED IN JAPAN

JMAM の本

心理
マーケティング
100 の法則

酒井とし夫 著
四六判 232 頁

人生が大きく
変わる話し方
100 の法則

酒井とし夫 著
四六判 224 頁

失敗しない！
クレーム対応
100 の法則

谷厚志 著
四六判 224 頁

仕事の効率を上げ
ミスを防ぐ
整理・整頓
100 の法則

桑原晃弥 著
四六判 224 頁

人前であがらずに
話せる
100 の法則

新田祥子 著
四六判 224 頁

インプットの
効率を上げる
勉強術
100 の法則

和田秀樹 著
四六判 224 頁

失敗を未然に防ぐ
仕事のミスゼロ
100 の法則

藤井美保代 著
四六判 224 頁

SNS マーケティング
100 の法則

株式会社カーツメディア
ワークス 著
四六判 240 頁

ほめ方・叱り方
100 の法則

桑原晃弥 著
四六判 224 頁

※ 2020 年 8 月刊行

オフィスの業務改善
100 の法則

松井順一 著
四六判 240 頁